Unser Traum hat 30 000 Kilometer

PANAMERICANA

Heico Forster

Mit der Harley von
Alaska bis nach Feuerland

BRUCKMANN

IMPRESSUM

Verantwortlich: Claudia Hohdorf
Text und Layout: Heico Forster
Fotos: Heico Forster, Peter Haller
Lektorat: Anne Köhler
Korrektorat: Anke Höhne
Umschlaggestaltung: Mathias Frisch nach einer Vorlage von Heico Forster
Repro: LUDWIG:media
Kartografie: Heico Forster
Herstellung: Anna Katavic
Printed in Slovakia by Neografia

★ ★ ★ ★ ★

Sind Sie mit diesem Titel zufrieden? Dann würden wir uns über ihre Weiterempfehlung freuen.
Erzählen Sie es im Freundeskreis, berichten Sie ihrem Buchhändler, oder bewerten Sie bei Onlinekauf. Und wenn Sie Kritik, Korrekturen, Aktualisierungen haben, freuen wir uns über Ihre Nachricht an Bruckmann Verlag, Postfach 40 02 09, D-08702 München oder per E-Mail an: lektorat@verlagshaus.de

Unser komplettes Programm finden Sie unter

www.bruckmann.de

In diesem Buch wird aus Gründen der besseren Lesbarkeit das generische Maskulinum verwendet. Weibliche und anderweitige Geschlechteridentitäten werden dabei ausdrücklich mitgemeint, soweit es für die Aussage erforderlich ist.

Die Deutsche Nationalbibliothek verzeichnet diese Publikation in der Deutschen Nationalbibliografie; detaillierte bibliografische Daten sind im Internet über http://dnb.d-nb.de abrufbar.

ISBN 978-3-7343-2319-5

BILDNACHWEIS

Alle Bilder des Innenteils stammen von Heico Forster und Peter Haller mit Ausnahme von:

Mats Fjellheim 18
Jeremy Bishop / Unsplash 69
Matthew T. Rader / Unsplash 81
Shutterstock / T photography 85
Nico Boersen / Pixabay 91
Kent MacElwee 107
David Lopez / Pixabay 110

Umschlag Vorderseite:
Eine besondere Tour nimmt ihren Anfang in Alaska.

DER AUTOR

Heico Forster ist Designer und Autor. Er hat für den Stern, Geo, Amica, National Geographic, Max und Freemens World gearbeitet und als Art Director eine Vielzahl von Magazinen entwickelt. Aus fünf Kontinenten hat er Reportagen geschrieben und dabei eine neue Leidenschaft entdeckt: das Motorradfahren. Mit Freunden fuhr er durch Indien, Laos, Uruguay und die Sahara und nahm Anlauf für das größte Abenteuer seines Lebens: die Panamericana.

INHALT

Tom Witte auf Forty-Eight: Da fährt ganz viel Epoche mit. Aber nur acht Liter Benzin im Tank sind in der Wüste nicht sehr beruhigend.

Peter Haller auf Fat Boy: eine Hommage an den Terminator. Seit Schwarzenegger im zweiten Film auf ihr fuhr, genießt wohl keine Harley so viel Prestige.

Heico Forster auf Street Bob: Solositz, kleine Lampe, schmaler Vorderreifen und hoher Lenker. Wer noch mehr Chopper will, muss zum Custom-Shop.

Thomas Körner auf Dyna Super Glide: Dieses Modell wird schon seit 1934 gebaut, ein rassiger Klassiker und für viele Biker »the one and only«.

Detlef Lietfien auf Fat Boy. Sie gilt als die Mutter aller Cruiser. Der Twin-Cam-Motor mit 76 PS hat keine Probleme mit den 330 kg Leergewicht.

Der Traum

Da ist dieser Traum. Jeder kennt das. Ein ganz besonderer Traum, den man einfach nicht mehr loswird. Man schleppt ihn mit sich herum, weil man hofft: Irgendwann wird er endlich wahr. Träume sind leise und vergänglich, sie fliegen sonst weg und platzen wie eine Seifenblase.

Fünf Freunde aus Hamburg hatten so einen Traum. Die Sehnsucht nach ihm war niemals weg. Er schwebte über ihren Leben, über dem Alltag, über ihrem Stammtisch in der Kneipe – und eines Tages fassten sie den Entschluss, sich den Traum zu erfüllen.

Sie wollten mit ihren Harleys die Panamericana abfahren. Von Alaska über Mexiko bis Feuerland. Eine Straße, die sich um die halbe Erde krümmt. Die sich durch Wüsten, Eis, Sümpfe und Berge schlängelt, eine wunderschön anstrengende Mutprobe, die auf einem einzigen Weg zeigt, was die Natur der ganzen Welt zu bieten hat. 30 000 Kilometer über den Asphalt flüstern, über Schotter rattern, durch die Pfützen der Regenwälder platschen, im heißen Sand feststecken und mit den Reifen Spuren in den frischen Schnee malen.

Wäre doch gelacht, wenn so ein Traum nicht wahr werden könnte. Tagsüber die Welt angucken, abends kaltes Bier trinken und nachts in billigen Motels schlafen.

Schon als Kinder träumten sie sich die berühmte Strecke herbei, als sie einen Comic von der Carrera Panamericana lasen. Detlef, Tom, Peter, Tommy und Heico tauchten in die bunten, dichten Bilder von Michel Vaillant ab und konnten gar nicht genug davon kriegen. Sie schauten voller Neugier in die Hölle, wie er das Rennen nannte, das von Whitehorse bis nach Ushuaia führte. Der Gedanke daran brannte sich bei ihnen fest. Es war klar, sie wollten die Panamericana auch abfahren, irgendwann, irgendwie. Doch der Traum musste viele Jahrzehnte aufgeschoben werden.

Die Freunde fuhren durch Namibia, Laos, Uruguay und Indien, sie stießen sich die Hörner ab und holten Anlauf für das größte Abenteuer ihres Lebens. Jetzt fühlten sie sich fit für die Königsklasse und wollten den Everest der Tourenfahrer besteigen. Zehn Jahre sollte er dauern, Sommer für Sommer vierzehn Tage am Stück, von Raum und Zeit getrennt, den Traum genießen, ihn dehnen, bis er nur noch glücklich macht und jede Sehnsucht stillt.

Sie waren bereit für die Straße aller Straßen.

Tour 1, 2011

Endlich gehts los. Wir haben uns monatelang vorbereitet. Der Flug dauert keine zehn Stunden, er geht über Norwegen und die Arktis, unter uns sehen wir die grellen Gipfel und das Eis der Gletscher blitzen. Kurz vor Anchorage ragt die Spitze des Mount Denali aus der Wolkendecke. Ende August ist eine gute Reisezeit für Alaska, dann sind die Mücken weg und noch kein Frost in Sicht.

Es ist Mittag. Das Wetter überrascht uns nicht, Regen fällt aus schweren, grauen Wolken. Vom Flughafen sind es nur ein paar Meilen in die Spenard Road 4334, dem Sitz von Harley Anchorage. Der Geschäftsführer Joe Matteson empfängt uns wie alte Bekannte. Kein Wunder, nach 50 Mails, Faxen und Telefonaten und insgesamt 70 000 Dollar Umsatz. Joe führt uns durch seinen Laden und zeigt uns die Werkstatt. Besonders stolz ist er auf die Waschstraße für Motorräder.

»Hey guys, have a look«, da hinten stehen sie. Unsere Harleys! Angemeldet, versichert, vollgetankt. So sauber und blitzend wie nie wieder, mit weniger als zehn Meilen auf der Uhr. Ihr Chrom glitzert, fast scheint es, als lächelten sie uns zu. Seit meinem ersten Fahrrad habe ich mich nicht mehr so sehr über ein Gefährt gefreut.

Der Papierkram ist erledigt, die Maschinen werden mit dem Fahrstuhl nach unten gebracht und auf den Hof geschoben. Wir packen Helme und Handschuhe aus, schnallen das Gepäck an, drücken die Starterknöpfe und blubbern vom Hof. Noch fühlt sich die Kiste fremd an, aber das wird sich geben. So eine Freundschaft braucht eben seine Zeit.

Es regnet noch immer, aber die erste Fahrt ist nur sehr kurz. Bloß ein paar feuchte Meilen bis ins Hotel, es liegt mitten in Anchorage. Neugierig schlendern wir durch die Straßen der Stadt, 300 000 Menschen leben hier, fast jeder zweite Einwohner von Alaska.

An der Hotelbar genehmigen wir uns ein Happy Landing Beer, danach ein gutes Steak bei Sullivan's um die Ecke. Dann falle ich selig ins Bett, der Traum ist endlich wahr geworden. Die halbe Welt liegt vor uns, das Abenteuer kann beginnen.

ALASKA

Unser Ritt beginnt in Alaska. Der Staat ist fünfmal so groß wie Deutschland und hat nur halb so viele Einwohner wie Hamburg. Durch diese menschenleere, oft raue Gegend zu fahren, ist ein Genuss für alle Sinne.

Oben: Im House of Harley Davidson stehen die Böcke zum Abholen bereit und glänzen wie unsere Augen. Rechts der Sales Executive Manager, Joe Matteson.

Rechts: Detlefs Feuerstuhl in Chrome Yellow

Highlight
Fjorde, Flüsse, Berge und Seen. Vom Seward Highway aus staunst du über ein ganz starkes Stück Natur. Die 200 Kilometer lange Straße ist zwar nicht Teil der Panamericana, wurde uns aber zum Glück empfohlen.

Erster Ritt

Im Lighthouse Cafe & Bakery gibts den besten Kuchen der Stadt, heißt es. Kein großes Kunststück, Seward hat nur zwei Bäckereien. Nass und durchgefroren wärmen wir uns dort an ein paar Bechern Kaffee auf, dazu knabbern wir Chocolate Cakes. Joe hatte uns diesen Abstecher in den Süden empfohlen. An der Bucht von Anchorage entlang, sagte er, dann über die Berge an die Resurrection Bay nach Seward. Eine tolle Strecke, hatte er geschwärmt. Wir geben ihm recht.

Auf dem Tresen der Bäckerei liegt das Wochenblatt »Seward Journal«. Darin steht ein Artikel, wie sehr hier in der Gegend der Alkoholkonsum, die Selbstmorde und Scheidungen zunehmen. Der Schreiber glaubt, dass diese Tragödien mit dem Unglück in der Bucht zusammenhängen, das sich nicht weit von hier ereignet hat. Im Prinz-William-Sund lief der Tanker »Exxon Valdez« auf Grund, es war eine der größten Ölkatastrophen der Welt.

»Wir verlieren Öl und werden wohl für 'ne Weile festsitzen«, funkte der Kapitän Joseph Hazelwood am frühen Morgen des Karfreitags 1989 an die Küstenwache. Kurz nach Mitternacht hatte sein Tanker ein Riff gerammt, knapp 42 Millionen Liter Rohöl liefen daraufhin aus und verseuchten die südliche Küste von Alaska. Über 250 000 Seevögel und Tausende weitere Tiere wie Wale und Seeotter kamen in der schwarzen Brühe um.

Joseph Hazelwood befand sich zum Zeitpunkt des Unglücks nicht auf der Brücke, angeblich soll er am Abend vorher kräftig einen über den Durst getrunken haben. Trotzdem spricht ihn ein Gericht vom Vorwurf des Führens eines Schiffes unter Alkoholeinfluss frei. Es gibt noch heute viel Verbitterung im Land, lese ich weiter, und die Fischereiwirtschaft hat sich nie mehr davon erholt. Der Ölkonzern Exxon hatte zugesagt, den Schaden wiedergutzumachen. Doch im Artikel steht, dass die Menschen nur Pennys bekommen haben statt der Dollars, die man ihnen versprochen hatte.

Wir verlassen den Küstenort, vorbei an dem kleinen, einsamen Hafen. Dort dümpeln Fischerboote im Wasser und faulen verlassen vor sich hin. Eigentlich

Links: Im ersten Morgenlicht verlassen wir Anchorage.

Rechts: Der Upper Trail Lake ist ein wahres Eldorado für Lachsangler.

chili's

müssten sie jetzt auf See sein, doch seit der Katastrophe gibt es nicht mehr viel zu fangen.

Auf dem Rückweg nach Anchorage bleibt Tom das erste Mal ohne Sprit liegen. Seine Forty-Eight mit dem acht Liter großen Peanut-Tank ist als Touringmaschine wenig geeignet. Wir kaufen zwei Reservekanister, die auf die anderen Maschinen verteilt werden, denn Packtaschen hat Toms Kiste auch nicht.

Wasilla ist völlig frei von Schönheit und einer dieser Orte, die man schnell wieder vergisst. Wendy's, McDonald's, Best Western. Nur weil das Nest zufällig am Straßenrand liegt und wir heute genug Meilen runtergerissen haben, steigen wir hier ab und trinken ein paar Bier. Was für ein langweiliges Kaff! Eigentlich sollten wir sofort wieder aufsitzen und den Gashahn aufreißen. Aber wir bleiben über Nacht.

Denali-Nationalpark

Es ist noch dunkel. Irgendwo da hinten blinzelt sich die Sonne in den Tag. Auf der Straße schwebt Nebel über dem Asphalt.

Kurz hinter der Stadt wird der Highway zweispurig, eine klebrige Leere tut sich vor uns auf. Kein Mensch, kein Auto, nur Berge, die uns stumm den Weg weisen. Genau so hatten wir uns Alaska vorgestellt. Die letzte große Wildnis. So karg, so still und so gewaltig. 12 000 Flüsse, drei Millionen Seen, die höchsten Berge der USA, und nur 720 000 Einwohner.

Wir zuckeln auf den Harleys nordwärts Richtung Fairbanks, eigentlich wollen wir ja nach Süden. Aber den Denali-Nationalpark können und wollen wir nicht einfach links liegen lassen. Es ist noch Sommer, doch die Blätter kündigen bereits den Herbst an. Leuchtendes Gelb, kräftiges Rot und sattes Braun: »Indian Summer« heißt das bunte Naturspektakel, das sich auf dem nordamerikanischen Kontinent besonders beeindruckend präsentiert. Die Menschen hier nennen es einfach Herbstlaub.

Der Denali-Nationalpark hat viel zu bieten. Bären, Karibus, Wölfe und Elche leben hier, in ganz Alaska soll es über 30 000 Grizzlys geben. Aber gesehen haben wir nicht einen einzigen, kein Wunder bei den dröhnenden Motoren. Irgendwann stand mal ein

Rechts: Tom auf dem Highway 1, der durch den Kenai-Fjords-Nationalpark führt.

Links: Chief Wasilla, ein Häuptling vom Stamm der Dena'ina-Athabasken, gab dem Ort seinen Namen.

»Manche Menschen sind nie verrückt.
Was für ein wahrhaft grauenvolles Leben müssen sie führen!«

Charles Bukowski

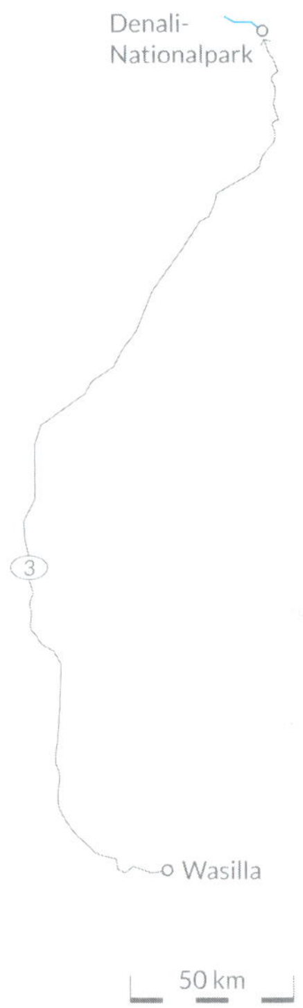

Highlight
Der Trip in den Nationalpark ist ein Muss. Wer Glück hat, kann auf halber Strecke den Mount Denali erblicken. Nur die ersten zwölf Meilen sind für Privatfahrzeuge befahrbar – wer mehr sehen will, sollte eine Bustour buchen.

Elch am Straßenrand, der sich aber sofort ins Unterholz verzog, als er uns kommen hörte.

Am Eingang des Parks steht das McKinley Chalet Resort, eine riesige Anlage im Blockhausstil. Hinter dem Gebäude rauscht der Nenana-Fluss. Würde man sich mit einem Kanu in seine reißende Strömung wagen und flussabwärts paddeln, stieße man weiter im Norden auf den Yukon River.

»Falls ihr euch zu Fuß im Park bewegen wollt, müsst ihr echt vorsichtig sein«, sagt ein Ranger, der neben mir steht, als ich in der Hotelhalle die Parkregeln lese. Er trägt eine olivgrüne Uniform, in seinen Händen dreht er einen Mountie-Hut, einen in der Art, wie ihn kanadische Polizisten tragen. »Vor ein paar Jahren gab es hier einen bösen Unfall«, erzählt er, und macht eine Kunstpause. »Ein Witzbold aus San Diego wurde von einem Grizzlybären getötet. Er hatte einfach nicht auf die Ranger gehört. Kurz vor seinem Tod schoss er noch Fotos von dem Bären. Auf seinen Schnappschüssen ist zu sehen, dass er bis auf 50 Meter herangegangen ist, obwohl 300 Meter Mindestabstand dringend empfohlen werden. Auf den meisten Bildern hat der Bär seinen Kopf nach unten gerichtet, doch auf der letzten Aufnahme guckt er direkt in die Kamera. Der Blick des Todes. Okay, guys, der Rest ist traurige Geschichte.«

Denali bedeutet in der Sprache der Koyukon »der Große«. Der 6190 Meter hohe Mount Denali macht seinem Namen alle Ehre und erhebt sich majestätisch über das gesamte Naturschutzgebiet. Als wir ihn auf unserer Reise bestaunen, heißt er noch McKinley. 2015 verfügt Präsident Barack Obama,

Links: Zur Tierbeobachtung sind die Bikes aus Milwaukee nicht geeignet. Selbst das Standgeräusch erreicht 90 Dezibel.

Rechts: Der Denali-Nationalpark ist zu Recht eine der Hauptattraktionen Alaskas.

dass der weiße Riese seinen alten Namen Denali zurückbekommen soll, um den Ureinwohnern ein wenig von ihrer Identität zurückzugeben.

Show Girls

Fairbanks ist der nördlichste Ort unserer Route. Noch ein Stückchen den Dalton Highway rauf und wir wären am Polarkreis gewesen. Die breite Straße führt die Trucker und die Ölarbeiter nach Deadhorse und zu den Ölfeldern in Prudhoe Bay, für viele gilt sie bis heute als Weg in den Wohlstand.

Es gibt über 700 Harley-Dealer in den USA, Harley-Davidson Farthest North Outpost ist der nördlichste auf dem Kontinent. Hier kriegen unsere Maschinen, was sie sich in den letzten Tagen redlich verdient haben: Fett, feste Schrauben und was solche Kisten

GOLDEN NORTH
MOTEL
VACANCY
OFFICE

sonst noch so brauchen. Die Niederlassung liegt in einem trostlosen Gewerbegebiet neben der Autobahn und sieht aus wie jede andere. Doch seine Angestellten sind uncool und arrogant, ganz anders als ihre Kollegen in Anchorage. »Morgen könnt ihr die Öfen wieder abholen«, sagt der Mechaniker gelangweilt.

Wir quartieren uns direkt gegenüber in das Golden North Motel of Fairbanks ein. Eine billige, runtergekommene Absteige am Flughafen.

Im letzten Tageslicht schlendern wir über die Old Airport Road. Auf einem Parkplatz in der Nähe stehen protzige Trucks, dahinter duckt sich ein rot gestrichenes Haus, das mit riesigem Schriftzug »SHOW GIRLS« lockt. Los, Jungs, lasst uns reingehen! Auf Männerreisen ist ein Kontrollblick in ein Striplokal natürlich unvermeidlich.

Ich bin kein großer Kenner von Stripteasebars. In den wenigen, die ich besucht habe, versteckten sich die Spanner verschämt im schummrigen Licht, die Tänzerin agierte in einem mehr oder weniger hellen Lichtkegel. Doch hier ist es anders. Im Laden ist es taghell, als würde gleich eine Putzkolonne anrücken.

Außer uns sind bloß ein paar andere Gäste da. Leicht bekleidete Damen rekeln sich an Tanzstangen und lächeln die Kundschaft an. Stumpf blickende Trucker stecken ihnen Dollarnoten in den Ausschnitt, als würden sie Sparschweine füttern. Am Ende ist es aber immer das Gleiche: teures Bier, ein bisschen Glotzen und dann wieder raus.

Am nächsten Morgen bekommen wir die Harleys zurück. Sie sehen wieder aus wie neu. Ihnen wurde frisches Öl eingeflößt und ihre erste Wäsche verpasst. Glücklich sitzen wir im Sattel. Von nun an soll es nur noch Richtung Süden gehen.

Alaska Highway, the Great Alone

Wir knattern über den Alaska Highway. Das ist nicht bloß eine Straße, die schnurstracks durch das Yukon-Territorium führt, nicht nur irgendein ausgespuckter Teer, der sich durch die Gegend schlängelt, sondern ein Weg der Annäherung an einen Kontinent.

Japanische Soldaten besetzten im Juni 1942 die beiden Aleuten-Inseln Kiska und Attu. Obwohl dieses

Oben: Die meisten Gebäude in Alaska sind einfache Zweckbauten. Die Künstlerin Erica hat etwas dagegen und verschönert den General Store von Nenana mit einem Mural.

Links: John Edgar Hoover, Gründer des FBI, nannte die Motels in den USA »Hochburgen des Lasters«. Mit dem Golden North Motel, zwischen Harley Davidson Fairbanks und einer Stripbar gelegen, könnte er recht gehabt haben.

Regen, Nebel, Kälte. Tommy (oben) und Detlef (unten) schützen sich, so gut es geht.

abgelegene Gebiet ohne strategischen Wert war, wollte Präsident Franklin Roosevelt Alaska mit allen Mitteln verteidigen. Hektisch ließ er 8000 Flugzeuge nach Fairbanks verlegen und beschloss den Bau des Alaska Highways. Die Route sollte von Delta Junction bis nach Dawson Creek in Kanada führen.

10 000 Soldaten mussten mit anpacken, sich mit dem Spaten durch Sümpfe und Schlamm kämpfen und im Frühjahr dem sintflutartigen Regen trotzen. Im Herbst 1942 folgte dann auch noch der kälteste Oktober seit der Wetteraufzeichnung. Der eisige Wind fegte wie ein tödlicher Hauch über die Arbeiter und machte ihnen das tägliche Schuften zur Hölle. Trotzdem schafften sie es, die 2300 Kilometer lange Schotterstraße in weniger als acht Monaten fertigzustellen. 250 000 Tonnen Material haben sie dafür verbaut. Für eine Strecke wie von Hamburg nach Sizilien. Acht Monate! In Europa wäre das heute sicher ein Jahrhundertprojekt.

Heute ist der Alaska Highway ein ziemlich glattes Vergnügen. Es ist herrlich, auf ihm zu cruisen und die Gedanken schweifen zu lassen, denn die Gegend hier ist menschenleer. Die wenigen Kaffs unterwegs sind austauschbar. Eine Hauptstraße mit wenigen Tankstellen, die üblichen Fast-Food-Buden, Geschäfte und Motels, dazu ein paar Nebenstraßen. Wenn etwas als »historic« angepriesen wird, hat es oft nicht einmal 50 Jahre auf dem Buckel.

Die Alaskaner, denen wir begegnen, sind oft ein bisschen schrullig, aber immer freundlich und hilfsbereit. Die Restaurants heißen »Fast Eddy's« oder »Big Daddy's«, und die Portionen sind so groß, dass sich die Tische biegen. Hier ist es offensichtlich üblich, sich ordentlich Speck für die langen, harten Winter anzufuttern. Ansonsten zählt nur die Natur, die Weite des Himmels und die göttliche Landschaft.

Von der Insektenplage erleben wir zum Glück nur eine kleine Kostprobe. In einem noch sommerwarmen Tal prallen wir auf eine dichte Wolke von Moskitos. Sekunden später klatschen uns die Mücken auf Brille, Helm und Jacke. Einige schaffen es sogar bis in die Ohren und zwischen die Zähne. Wir wischen und spucken uns in den nächsten Ort.

Kurz hinter Tok verlassen wir den Highway, um Kurs auf Dawson City zu nehmen. Die Jungs von Harley haben uns vor der Bergroute Alaska 5 nach Kanada gewarnt. »Das ist nichts für eure Böcke«, haben sie gesagt, »nur 'ne olle Schotterpiste.« Wir reden lange, es geht ständig hin und her, ob wir es nicht trotzdem wagen wollen. Irgendwann fällt der Spruch von Tommy: »Oh Mann, sind wir alt geworden!« Und so rütteln wir tapfer über den Schotter und fühlen uns wieder wie zwanzig, höchstens.

Einige Stunden später tauchen in der Ferne ein paar Holzhäuser und ein riesiger Metallvogel auf. Daneben ein Ortsschild, auf dem »Chicken« steht.

Ptarmigan

Chicken hat 17 Einwohner, Susan Wiren ist eine davon. Sie steht hinter dem Tresen ihrer kleinen Backstube und sieht müde aus. »Ich bin seit 24 Jahren hier«, sagt sie und lässt uns von ihrem hausgemachten Gebäck kosten.

Rechts: Flach, breit und lang – ein 65er Chevrolet Impala mit leichten Gebrauchsspuren.

ALASKA
13
EDC 209

© Mats Fjellheim

Oben: Außer einem Elch lassen sich nur Hunde blicken.

Unten: In North Pole wohnt der Weihnachtsmann.
Jedes Jahr werden dort über 400 000 Wunschzettel von Kindern beantwortet, die ihre Post an Santa Claus schicken.

Rechts: In Fast Eddy's Restaurant in Tok werden keine Kalorien gezählt. Auch die Damen bestellen XXL-Hamburger, die für zwei Personen reichen.

Als sich Susan in einen Abenteurer verknallt, fackelt sie nicht lange und zieht von New Jersey nach Chicken. Eine Zeit lang hat sie sich als Goldgräberin versucht, na ja, auch so ne Schnapsidee. Als ihr dann dieser Laden angeboten wurde, hat sie sofort zugeschlagen.

Später gründete sie eine Familie, ihre Kinder gehen ihr mittlerweile in den Geschäften zur Hand. Neben der Bäckerei besitzt Susan mittlerweile noch eine Tankstelle, ein Café, eine Bar und einen Souvenirshop, der viel Arbeit macht. Da es im Umkreis von 125 Kilometern kein Benzin gibt, ist die Tankstelle jetzt die Goldgrube, nach der sie immer gesucht hat.

Das Nest liegt so weit abseits der Zivilisation, dass die Post mit dem Flugzeug eingeflogen wird. Im Winter ist Familie Wiren völlig von der Außenwelt abgeschnitten. Kein Schneepflug schafft die weite Strecke vom Highway bis in den winzigen Ort.

Während des Goldrauschs wurden hier Nuggets gefunden, unten am Fortymile River. So weit draußen gab es häufig Nachschubprobleme und die Nahrung wurde knapp. Doch die Schürfer wussten sich zu helfen, wenn sie die Bratpfanne übers Lagerfeuer hielten. Darin landete oft ein Vogel, der wie ein Huhn aussieht und auch so schmeckt: der Ptarmigan.

1902 sollte der Ort, als zweite Ansiedlung in Alaska überhaupt, zur Gemeinde erklärt werden. Dafür musste ein Name her: Dem Schneehuhn zu Ehren wollte man ihn ursprünglich Ptarmigan nennen. Da den Namen aber kein Mensch unfallfrei aussprechen konnte, wurde das Nest einfach Chicken getauft.

Unten im Bachbett, ein paar Schritte hinter den Gebäuden, steht ein riesiges Ungetüm aus Blech. Mit seinem langen, dünnen Hals sieht es wie ein Brontosaurus aus. Das Monster ist ein Bagger mit einer Fabrik im Bauch. Als er im frühen 20. Jahrhundert zum Einsatz kam, verloren Tausende Goldgräber ihre Arbeit. Nach und nach wurden die Schwimmbagger immer leistungsfähiger, Handarbeit war nicht mehr gefragt. Der »gold dredge« in Chicken stammt aus dem Jahr 1938, nach 20 Jahren Einsatz war er nicht mehr rentabel. Daran konnte auch der komische, nach Hühnchen schmeckende Vogel nichts ändern.

FAST EDDY'S
RESTAURANT

Bevor wir uns wieder auf den Weg machen, gibt es noch einen letzten Kaffee bei Susan und Benzin für die Mopeds und die Reservekanister. Jetzt geht es hoch in die Berge durch das Yukon-Territorium.

Top of the World

Ganz weit oben zeigt sich Alaska von seiner schönsten Seite. Weites, hügliges Land über der Baumgrenze, auf dem Top of the World Highway. Was hier wächst, reicht uns höchstens bis zum Kinn. Die Sonne schüttet ihr Licht aus, die Sicht könnte nicht besser sein. Trotzdem ist es bitterkalt.

Als aus der Straße eine Schotterpiste wird, heißt es volle Konzentration. Jetzt bloß keinen Abgang machen, hier kommt so schnell keiner mehr vorbei. Unsere Bikes können so blöde Witze aus Geröll überhaupt nicht leiden, aber sie halten sich wacker.

Auf einem kahlen, zugigen Bergkamm steht ein hellgrünes Grenzhäuschen. Kein schlechter Arbeitsplatz für einen Beamten. Wenn da nicht jeden Tag dieser lange, anstrengende Weg zur Arbeit wäre. Als unsere Kisten verstummen, stellt sich eine herrliche und sanfte Ruhe ein. Stille, die man hören kann. Nur der eisige Wind macht seine Geräusche und lässt die kanadische Flagge tanzen. Schon bald, wenn der erste Schnee fällt, wird es hier kein Durchkommen mehr geben.

Außer uns nirgendwo ein Reisender. Auch keine Kontrolle durch die Amerikaner. Auf der Seite von Kanada fragt uns grinsend ein Beamter, während er unsere Pässe durchblättert, warum wir keine BMW fahren? Die sind doch viel besser.

Gute Frage, warum eigentlich nicht?

Harley-Davidson

Vor ein paar Sommern mieteten wir uns zum ersten Mal Harley-Davidsons in Phoenix, Arizona. Keiner von uns war vorher jemals eine Softail oder Road King gefahren. Nur was für Weicheier und steinalte Rocker, dachten wir.

Doch als wir dann drauf saßen, wussten wir: Das isses! Wir fassten den Lenker an den Hörnern, machten uns breit und fühlten uns wie Dennis Hopper,

Oben: Peter könnte Fonda heißen.

Mitte: Das Wahrzeichen von Chicken

Rechts: Selbst Offroadstraßen meistern die Harleys ohne Probleme.

Links: Um die Reste der Goldbagger ranken sich Gruselgeschichten über Geister von Arbeitern, die dort herumspuken sollen.

mindestens. Tommy, Peter und ich kurvten auf der Route 66 und hatten sofort die alten Hippie-Songs im Ohr. Alles passte perfekt zusammen. Der Highway, die Landschaft und das Gefühl, wie ein Cowboy auf seinem Mustang durch die Prärie zu reiten. Wir waren angefixt, high vor Freude.

Bei mir selbst löste der Film »Easy Rider« die stille Sehnsucht nach einer lauten Harley aus. Eine Szene kriege ich dabei nie aus dem Kopf. Peter Fonda und Dennis Hopper cruisen cool durchs Monument Valley in Arizona, die Sonne blitzt im Chrom ihrer langbeinigen Lieblinge und dazu das blubbernde Po-ta-to, Po-ta-to, Po-ta-to der Motoren. Herrlich! Ich habe dieses Roadmovie bestimmt tausendmal gesehen. Einmal parkte ich sogar, stolz wie nur was, vor der Leinwand eines Autokinos und gab auf meiner Kreidler Florett im Stand ordentlich Gas, um meine sechs PS röhren zu lassen.

Jetzt aber hocken nur noch selten Hippies auf dem Harleysattel, und selbst in den USA geht der Absatz der Kultkiste zurück. Mittlerweile wird sie in Thailand, Indien und Brasilien produziert, um sie billiger herzustellen – aber was heißt schon billig? Bis zu 20 000 Euro für ein Motorrad sind eine Stange Geld. Daher haben nach den langhaarigen Lebenskünstlern immer mehr dicke Brieftaschen die Harley für sich entdeckt, die Szene nennt sie mit Verachtung »Rolex-Rider«. Der durchschnittliche Käufer einer Harley hat gut was auf der hohen Kante und ist über 40 Jahre alt. Wer heute auf ein Bikertreffen fährt, sieht viel graues Haar und Ladys, die ihre besten Tage hinter sich haben. Böse Zungen behaupten, dass die meisten Tätowierungen abwaschbar sind.

Viele Jahre waren wir »fremdgefahren«, saßen auf Yamahas, Triumphs, BMWs und Hondas. Doch für unsere Panamericana sollte es eine Harley sein. Alles andere wäre ein grober Stilbruch gewesen.

In Hamburg beim Harley-Händler haben wir uns alle Modelle angeschaut und uns sehr nett beraten lassen. »Wenn dir das zu unbequem ist, dann kauf dir doch ein Cabrio«, sagte man uns, oder: »Wie guckst du Fernsehen? Richtig, Füße hoch.«

Ja, so macht Träumen Spaß.

KANADA

Smaragdgrüne Seen, endlose Wälder, schneebedeckte Berge. Im zweitgrößten Land der Erde soll es über 300 Milliarden Bäume geben.

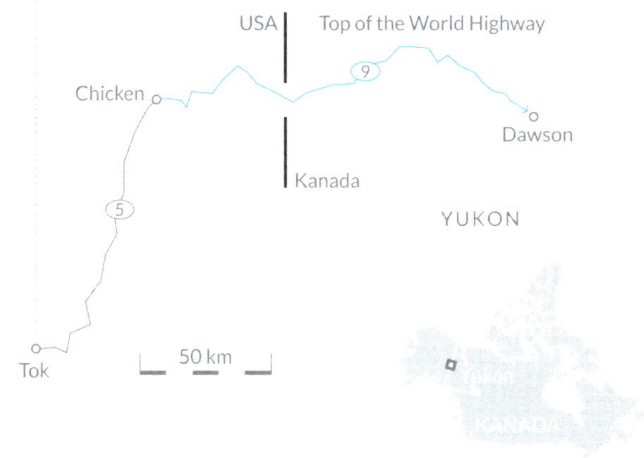

Highlight
Der Top of the World Highway ist einer der nördlichsten seiner Art. Wer jedoch eine Autobahn erwartet, wird eines Besseren belehrt. Zum ersten Mal geht es über eine Sch-schot-t-t-ter-p-p-piste.

Oben: An der Little-Gold-Creek-Grenze sind die Kanadier mehr an den Motorrädern interessiert als an den Papieren.

Rechts: In Wildwestmanier musste dieser Pick-up als Zielscheibe herhalten.

Irgendwann suchten wir uns dann die Maschinen aus und überwiesen jeder 1000 Dollar als Anzahlung nach Alaska. Sie sollten natürlich schwarz sein, klassisch schön. Nur Detlef orderte seine Fat Boy in grellem Gelb, wofür er selbstverständlich einen blöden Spruch kassierte: »Na, haben die Hells Angels jetzt einen vom ADAC dabei?«

Für die Anmeldung in Übersee brauchten wir eine US-Adresse. Über eine Website der »Alaska Department of Administration« konnten wir uns anmelden und bekamen Nummernschilder. Dass meine Postadresse in New York war und einer Kollegin gehörte, schien keinen zu interessieren. Hätte nicht gedacht, dass es so einfach ist, ein Fahrzeug in den USA zu kaufen. Ob die Bikes aus Milwaukee die richtigen Motorräder für unsere Reise sind, würde sich ja zeigen, in ein paar Jahren, in Mexiko, Kolumbien oder Bolivien. Irgendwo im Nirgendwo, im Schlamm, in der Wüste, auf den Pisten aus hartem Stein. Schon klar, vielleicht wäre eine gute deutsche BMW die vernünf-

LADIES

KLONDIKE KATES
RESTAURANT
KLONDIKE KATES
CABINS
STOP
4-WAY
CHEVROLET

Oben: Das Palace Grand Theatre wurde 1899 von Arizona Charlie Meadows gebaut. Als Cowboy ist er bei der Wild-West-Show von Buffalo Bill mitgeritten.

Links: Das Restaurant Klondike Kate's erinnert an Kathleen Eloise Rockwell. Für ihre Zuneigung öffneten Generationen von Glückssuchern ihre Goldbeutel.

tigere Wahl gewesen. Aber eine Harley hat ebendiesen hartnäckigen Charme, dem Herren eines gewissen Alters gerne einmal verfallen. So merkwürdig es klingt: Man entwickelt oft eine persönliche Beziehung zu der Maschine, spricht mit ihr, wenn man morgens den Tau vom Lenker wischt und ihr über den vollen Tank streicht. Tom behauptet sogar, seine Kiste würde ihm antworten. Aber das ist eine andere Geschichte.

Zurück zur Reise, zurück zum Traum. Bis nach Dawson City, dem einstigen Zentrum des legendären Klondike-Goldrausches, ist es nicht mehr weit. Auf der anderen Seite des Yukon River tauchen schüchtern die ersten Häuser auf. Mit der George Black Ferry setzen wir kostenlos über.

Jack the digger

»Gold! Gold! Gold!« Diese drei Worte prangten 1897 in riesigen Buchstaben auf der Titelseite der »Seattle Post-Intelligencer«. Die USA leiden unter einer schweren Wirtschaftskrise, den Menschen ging es ziemlich dreckig. Kein Wunder also, dass sich über 100 000 Menschen ins Yukon-Territorium aufmachten, dem Lockruf des Goldes folgten, von einem besseren Leben träumten. Sie kamen mit Schiffen von San Francisco und Portland nach Skagway an die Küste Alaskas, sie schleppten ihr Gepäck über den Chilkoot-Pass und die berüchtigte »Goldene Treppe«, bis sie erschöpft das Ufer des Yukon erreichten.

Joseph Francis »Joe« Ladue war schlauer als die meisten anderen Schürfer. Er kaufte sich ein Stadtrecht an der Mündung des Klondike River und ließ dort einige Holzhäuser zimmern. Die Siedlung benannte er nach dem kanadischen Geologen George Mercer Dawson. Bereits ein Jahr später wuchs die Stadt auf 40 000 Einwohner an.

Später bekam Dawson achtbaren Besuch, als plötzlich Jack London mit der Schaufel aufkreuzte, 120 Kilometer weiter südlich eine Blockhütte erwarb und sich fortan als Digger versuchte. Zum Glück fand er kein Gold, sonst wären »Der Seewolf« und »Ruf der Wildnis« vielleicht niemals geschrieben worden, weil der gute Jack sich mit den Taschen voller Geld den ganzen Tag bei den Dirnen vergnügt hätte.

Wir schlendern breitbeinig durch die Straßen der Stadt. Noch heute ist die Goldgräberstimmung zu spüren, irgendwie, an jeder Ecke – oder bilden wir uns das nur ein? Liegt da nicht ein Klumpen Gold im Staub? Jetzt wohnen nur noch knapp 1500 Menschen hier, und es werden immer weniger. Denn das trostlose Kaff hat seinen Glanz verloren. Nur in der Diamond Tooth Gerties Gambling Hall, wo die Cancan-Girls tanzen, wird noch alles getan, um den großen Rausch lebendig zu halten. Gegenüber der Bühne werden wie in einem schlechten Western Poker,

Highlight
Carcross steht für Caribou Crossing. Während des Goldrauschs ist die Population der Karibus von 4500 auf 450 geschrumpft. Die Tour von Whitehorse südwärts lässt jedes Mopedherz höherschlagen. Vom amerikanischen Rentier aber keine Spur.

Oben: Die Tlingit-Indianer Skookum Jim und Tagish Charlie gehörten zu den ersten Glücklichen, die Nuggets am Klondike fanden. Ihre besondere Verehrung galt dem Raben.

Rechts: Kein Photoshop. Seinen Namen verdankt der Emerald Lake (Smaragdsee) seiner intensiv grünen Farbe.

Black Jack und Red Dog gespielt. Tommy und Peter sind nicht mehr zu halten. Hoffentlich denken sie daran, dass ihre Gäule durstig sind.

Ganz in der Nähe steht das Palace Grand Theatre, es wurde 1899 mit einer rauschenden Gala eröffnet. Es ist eine Mischung aus schniekem Opernhaus und derbem Amüsierbetrieb für die weniger feine Gesellschaft im Wilden Norden. Als es vor 20 Jahren renoviert wurde, musste an der Bar der Parkettboden entfernt werden. Darunter fand sich Goldstaub zwischen den Brettern, die Digger bezahlten nach ihrer harten Arbeit an den Creeks im Puff oder im Saloon ihre Drinks damit.

Eiskalt erwischt

Noch niemals zuvor bin ich bei einer solchen hundsgemeinen Kälte Motorrad gefahren. Ich wische mir mit klammen Fingern die Nässe von der Brille, aber nur kurze Zeit später habe ich wieder dasselbe Problem. Ich sehe weniger als nichts. Gefühlte zehn Grad miese. Trotz Sturmhaube, dickem Pullover und mehreren Schichten drunter frieren wir bis auf die Knochen. Auch die neuen Carhartt-Handschuhe sind in diesem Kühlschrank, der sich Panamericana nennt, ein schlechter Witz.

In Carmacks kreuzen wir den Yukon River. Vor mehr als zwanzig Jahren sind wir hier mit Kanus gelandet, als wir auf dem Yukon unterwegs waren – direkt unter der Brücke, über die wir gerade rattern. Wir halten an, spucken in die Fluten und erinnern uns an Lachs aus der Pfanne, Wildwasser und Polarlichter. Dabei wärmen wir uns die Hände am Motorblock und fragen uns, ob man wirklich Eiswürfel pissen kann. Jetzt beheizte Griffe, das wärs, aber so ein Extra ist leider mehr als peinlich.

Zum Ende der ersten Tour sind wir happy, dass die Böcke einwandfrei laufen. Wie gut, dass wir fünf Klugscheißer uns wegen der richtigen Route nicht die Köpfe einschlagen mussten. Immer gab es nur diese eine Straße vor uns. Nur einmal im Örtchen Tok mussten wir eine Entscheidung treffen: geradeaus den Highway entlang oder über die Passstraße hinüber nach Kanada.

Tour 2, 2012

Ende der 1960er-Jahre begannen geschäftstüchtige Farmer im Westen der USA kleine Schuppen zu bauen, um sie als Stau- und Lagerraum anzubieten. Daraus ist mittlerweile ein Milliardengeschäft geworden, auch in Kanada. Heute locken an jeder Ausfallstraße solche Mietlager. Mal sind es riesige Hallen mit über 100 000 Quadratmetern, mal ein paar Container auf einer Wiese.

Das MacDonald Storage Systems liegt in einem Gewerbegebiet nördlich von Whitehorse und gehört eher zu den mittelgroßen Anlagen. Auf einen Parkplatz hatte man Fertiggaragen gestellt, drum herum einen Zaun gezogen, fertig war der Zweckbau. Hier haben unsere Motorräder überwintert.

Nun stehen wir dort am Eingang vor einem verschlossenen Gatter. Kein Mensch weit und breit, nur verwaiste Autos und ein paar abgestellte Wohnwagen, die schon bessere Zeiten gesehen haben.

Das Taxi, das uns vom Flughafen hierher gebracht hat, verschwindet gerade hinter einer bewaldeten Kurve. Seit unserer Abreise aus Hamburg herrscht das erste Mal Stille. Kristin, eine Mitarbeiterin vom Storage, hatte uns die PIN-Nummer für das elektronische Schloss gemailt. Und tatsächlich, mit der Nummer lässt sich das Metalltor öffnen.

Vor der Garagentür Nummer 157 beginnt das große Hoffen: Sind die Harleys noch dort, wo wir sie vor einem Jahr abgestellt haben? Ist die Box voller Wasser gelaufen, wohnen jetzt Tiere darin? Vorsichtig öffnet Tom die rostrote Metalltür, und da stehen sie – etwas staubig zwar, sonst aber unversehrt. In einer unverschlossenen Nachbargarage liegen unsere Batterien. Kristin hatte sie dort deponiert und den Winter über einmal im Monat aufgeladen.

Mit einigen Handgriffen sind die schwarzen Boxen wieder eingesetzt und angeschlossen. Jetzt gibt es den zweiten großen Moment: Springen die Bikes an? B r r a a m. Motor für Motor erwacht aus dem Winterschlaf. Als alle zehn Kolben auf und ab hämmern, zittert der Boden und ist in den Füßen zu spüren. Auspuffgase hüllen uns ein – herrlich! Glücklich ruft Detlef: »Sie habens überstanden.«

Dem Staub auf den Bikes geht es in einer Waschstraße in Whitehorse zu Leibe. Jetzt noch tanken, Reifendruck und Ölstand prüfen, dann kann die zweite Tour beginnen, die uns nach Calgary führen soll. Dieses Mal wird es keine Grenzüberquerung geben, denn Kanada hat so gewaltige Ausmaße, dass es für uns nicht in einem Rutsch zu machen ist.

Erst hinter Whitehorse, auf den Highway 1, stellt sich das alte Fahrgefühl wieder ein. Wie Dampfbarkassen vibrieren sich die Kisten durch die Landschaft. Für einen Augusttag ist es ungewöhnlich kalt, obwohl die Sonne scheint und der Himmel wolkenlos

Oben: Carcross war zu Zeiten des Goldrausches von großer Bedeutung. Die auf dem Landweg ankommenden Güter wurden auf Dampfer umgeladen und zum Yukon River transportiert.

Links: In Whitehorse haben die Öfen das erste Mal überwintert.

Links: Zwei Giganten treffen aufeinander: der Alaska Highway (2200 km) und der Yukon River (3190 km).

Rechts: In Rancheria. Kanadische Leichtbauweise macht es möglich: einfach das Haus auf den Hänger.

ist. Typisch borealer Nadelwald umgibt uns, er dehnt sich auf der nördlichen Hemisphäre, um den ganzen Erdball aus. Tannen, Lärchen, Eiben, Kiefern und unzählige Fichten. Dieser Nadelbaum mag es kühl, regenreich und fühlt sich hier besonders wohl.

Diamantenfieber

Der erste Stopp im äußersten Süden des Yukon-Territoriums heißt Rancheria. Liest man gerade seinen Tacho ab, wenn man an dem Nest vorbeifährt, kann man es leicht übersehen. Außer einem Motel und einer Zapfsäule gibt es nichts. Für uns ist das mehr als genug, denn nach neun Stunden Fahrt können wir ein Bier und ein Bett vertragen.

Das Motel scheint einen Elvis-Fan zu haben. Im Speiseraum hängen jede Menge Porträts von ihm. Darüber ein ausgestopfter Elchschädel, der mit seinen toten Augen auf den King herunterstiert.

So viel Vergänglichkeit macht mich traurig, und ich setze mich zu einem jungen Inuk an einen Tresen in der Ecke und bestelle ein Bier. Nach einigen Begrüßungsworten erzählt er von seiner Heimat Yellowknife, einer Stadt aus den kanadischen Nordwest-Territorien. »Unsere Gegend ist durch Diamanten reich geworden, dort liegt ein riesiger Schatz«, sagt er, während er mit seinem Handy beschäftigt ist. »Ich arbeite in der Diavik-Mine«, fährt er fort. »Sechs Wochen schuften, eine Woche frei. Zur Arbeit gehts mit dem Hubschrauber. Unsere Kies-Landebahn ist sogar für eine Boeing 737 ausgelegt.«

Er erzählt, wie er das Gestein mit einem haushohen Lkw zur Weiterverarbeitung fährt. Um ein Karat Diamant zu erhalten, muss er fünf Tonnen Geröll bewegen.

Auf seinem iPhone zeigt er mir ein verwackeltes Foto, das er beim Anflug auf die Mine aufgenommen hatte. »So sieht mein Arbeitsplatz aus«, sagt er stolz. Zu sehen ist ein See mit einem riesigen Loch in der Mitte, das sich stufenförmig in die Tiefe frisst. »Da passt ja eine ganze Stadt rein«, staune ich. »Stimmt. Rancheria sicher 1000 Mal. Die Mine hat eine Fläche von sieben Quadratkilometern.« Darauf erhebt er sein Canadian Beer und prostet mir zu.

Schilderwald

Wir rollen über den leeren Highway mit Legendenstatus. Bäume ziehen vorbei, Bäume über Bäume. Es gibt kaum Verkehr. Der Highway ist so stereotyp, dass man meint, man fährt die gleiche Straße immer und immer wieder entlang. Von einem Ort zum nächsten sind es oft 100 Kilometer oder mehr. Viele scheinen ausgestorben zu sein, schnell kommen 300 Kilometer bis zum nächsten Tankstopp zusammen – für Toms Kiste eine unüberwindbare Strecke. Wieder bleibt er liegen und muss Benzin nachfüllen.

Mit ruhigem Tempo schaukeln wir durch eine Muldenlandschaft, die der schmelzende Frost in den Highway gedrückt hat. Hier werden die Entfernungen in Stunden und Tagen angegeben. Zu sehen gibt es neben den Nadelbäumen nur vereinzelte Sand- und Kieshaufen mit davor geparkten, verlassenen Bulldozern von Cat.

Gegen Abend liegt Watson Lake vor uns. Das Erste, was wir vom Ort zu sehen bekommen, ist ein riesiger Schilderwald am Straßenrand. Der US-Soldat Carl K. Lindley, der fernab der Heimat beim Bau des Alaska Highway helfen musste, hatte hier 1942 den ersten Wegweiser angebracht. Der GI sollte einen Pfosten reparieren, den ein Bulldozer beschädigt hatte. Als er mit seiner Arbeit fertig war, malte er Daneville, Illinois auf ein Brett und nagelte es an den reparierten Pfahl. Das Schild richtete er so aus, dass es Richtung Süden zeigte, wo seine Heimat lag. Mehrere Soldaten taten es ihm gleich. Diese Heimweh-Marotte verselbstständigte sich über die Jahre und löste eine Kettenreaktion aus. Bis heute ist der Sign Post Forest auf 75 000 Exemplare angewachsen.

Die letzten Bisons

Kurz hinter Watson Lake grast eine Herde Bisons friedlich am Straßenrand. Einige Autofahrer sind angehalten, um sich das Schauspiel anzusehen.

Es gibt zwei Arten auf dem amerikanischen Kontinent: den Prärie- und den Waldbison. Im Gegensatz zu seinem Vetter, dessen Heimat die offene Grasssteppe im Herzen der USA ist, bewegen sich die kanadischen Bisons in kleinen Gruppen in Waldgebieten.

Oben: Ein heimwehkranker US-Soldat begründete beim Bau des Alaska Highway den Schilderwald in Watson Lake.

Rechts: Die gepflegte Vegetation neben dem Highway ist für Waldbisons besonders anziehend.

Zu Kolumbus' Zeiten gab es etwa 170 000 von ihnen, Ende des 19. Jahrhunderts waren es nur noch 250. Erbarmungslose Jäger hatten ganze Arbeit geleistet, und so stand der Waldbison kurz vor der Ausrottung. Daraufhin wurde im Nachbarstaat Alberta das Naturschutzgebiet Wood-Buffalo-Nationalpark gegründet, und die mächtigsten Landsäugetiere Kanadas durften nicht mehr gejagt werden. Da sich die Arten aber vermischt hatten, verschwand der reine Waldbison von der Landkarte und galt als ausgestorben.

1957 gab es eine Überraschung, als ein Biologe in einem abgelegenen Teil eines Parks eine kleine Herde reinrassiger Exemplare entdeckte. Zwei Dutzend von ihnen wurden im Elk-Island-Nationalpark bei Edmonton ausgesetzt und konnten sich wieder vermehren. Bis heute ist die Population auf 9000 Tiere angewachsen. Doch mittlerweile wird wieder Jagd auf das Wildrind gemacht. Mit ein paar Klicks finden schießwütige Trophäenjäger Abschussangebote im Netz. Für einen Waldbison werden 10 000 Dollar verlangt, für einen Präriebison 7000 Dollar.

Neben uns auf der Straße parkt ein Jeep Cherokee, in dem eine Großfamilie sitzt. Der Fahrer, ein kettenrauchender Mann mit grauem Haar, lehnt sich aus dem Auto und rät uns: »An eurer Stelle würde ich nicht so dicht an die Hornochsen herangehen. Es wäre auch besser, wenn ihr eure Motoren laufen lasst, falls ihr türmen müsst. Die sind gefährlicher als ein Grizzly, besonders die halbstarken Bullen. So ein Rindvieh kann fast eine Tonne wiegen, da hat es schon böse Unfälle gegeben.«

Weine nicht, wenn der Regen fällt

Von der Terrasse der Northern Rockies Lodge hat man einen herrlichen Ausblick auf den Muncho Lake und die umliegenden Berge. Am Steg vis-à-vis ist ein altes Wasserflugzeug festgemacht. Mit der einmotorigen DHC-3 Otter können Gäste die Gegend erkunden oder sich zum Angeln fliegen lassen. Der Pilot ist der Schweizer Urs Schildknecht. Vor vielen Jahren ist er mit seiner Familie nach Kanada ausgewandert und hat das Hotel im Blockhausstil gebaut. Direkt am See. »Ein derart exponiertes Wassergrundstück wäre in

Oben: Mehr geht nicht. Gut präparierte Straßen, kaum Verkehr, rücksichtsvolle Autofahrer und dazu eine grandiose Landschaft.

Rechts: Wer sich die Gegend rund um den Muncho Lake anschauen will, kann ein Lufttaxi buchen. Es gibt Rundflüge, Angeltouren und Tagesreisen zum Nahanni-Nationalpark.

»Wenn du mit dem Motorrad auf den heutigen Highways unterwegs bist, solltest du sehr defensiv fahren. Du solltest ein guter Fahrer sein und immer beide Hände und beide Füße unter Kontrolle haben.«

Evel Knievel

SHANNON MOTEL
OPEN
24 HR
OPEN
VACANCY
OFFICE
ELKS

Links: Vor 200 Jahren war Fort Nelson noch ein Pelzhandelsposten. Heute lebt die Stadt hauptsächlich vom Tourismus.

Rechts: Truckstop-Romantik kurz vor Pink Mountain: Neben der Kasse hängt ein Schild zum Fürchten: »Waffen haben nur zwei Feinde: Rost und Politiker.«

meinem Heimatland unbezahlbar gewesen. Hier gibt es 800 000 Seen. Da stehen Angebot und Nachfrage in einem anderen Verhältnis«, erzählt Urs und schaut über den Muncho Lake. In der Ferne dümpelt ein Boot mit einem Angler. Seine nasse Schnur glänzt im Gegenlicht der Abendsonne. »Das war eine gute Entscheidung zu jener Zeit. Doch der langsame Tod dieser Gegend macht uns schwer zu schaffen. Damals, als die Autos und die Straßen noch schlecht waren, gab es hier jede Menge Werkstätten. Häufig konnten sie sich ein paar Dollar verdienen, wenn eine Karre abgeschleppt werden musste. Im Winter liegt hier ein Meter Schnee, da mussten sie oft ausrücken. Aber heute steht mein Hotel häufig leer. Besonders die Jüngeren zieht es in die Städte.«

Weiter ostwärts geraten wir in einen Sturzregen. Millionen Tropfen prasseln mit solcher Wucht auf die Straße, dass sie einen Tanz aufführen. Langsam kriecht die Feuchtigkeit unter die Jacke und in die Schuhe. Als es dunkel wird, sind wir vollkommen durchnässt, es schüttet immer noch. Jetzt wirds lebensgefährlich auf dem Zweirad. Die Sicht ist miserabel und gesehen werden wir auch nicht mehr. Mit schmatzenden Stiefeln checken wir in Fort Nelson im Shannon Motel ein.

Durchgefroren versucht jeder in seinem Zimmer, die Klamotten trocken zu bekommen. Ich stopfe die »Fort Nelson News« in meine Schuhe, drehe die Heizung voll auf und nehme eine heiße Dusche, die ich nur ungern wieder verlasse. Dann lege ich mich ins Bett, verkrieche mich unter allen Decken, die ich finden kann und lese den Rest der Zeitung. Später laufen wir durch den Regen zu einem Koreaner um die Ecke. Das Essen schmeckt aber so fad, dass es den Tag auch nicht aufhellen kann.

Rosa Berge

Pink Mountain ist keine Bergkulisse aus dem Lillifee-Universum, sondern ein 100-Seelen-Kaff am Alaska Highway. Die nahe gelegenen Felsen glühen in der Abenddämmerung rosa, heißt es. Da es erst früher Nachmittag ist, wollen wir eine Stippvisite in die Hügel wagen und schauen, ob es dort ein wundersames

Leuchten gibt. Es geht über eine Schotterpiste, die vom gestrigen Regen aufgeweicht und rutschig ist. Da wir uns langsam an die schweren Öfen gewöhnt haben, kommen wir dennoch gut voran. Nach einer Stunde ist allerdings Schluss. Mein Chopper muckt und hat Aussetzer. Spritzufuhr, Elektrik, Verteiler? Wie immer in so einem Fall stehen Männer im Kreis um das Gefährt und geben fachmännische Kommentare ab: Da ist was mit der Zündung, bestimmt sind die Zündkerzen nass geworden, ich tippe auf die Zündspule, nein, das ist ganz sicher die Steuerbox. Mir scheint es ratsamer, einen Profi in der nächsten Werkstatt zu fragen, was das Problem ist.

Wertvoller Matsch

Der schummrige Pub in der Sasquatch Crossing Lodge ist übervoll mit jungen Männern. Es wird gegrölt, getrunken, Dart oder Pool gespielt. Testosteron liegt in der Luft. In einer Sitzecke wandern zwei kichernde Ladys von Schoß zu Schoß. Um ihre Hüften legen sich tätowierte Arme und geben sie nur ungern wieder her. Zwei Frauen und 50 Männer, die vor Hitze und Begierde schwitzen – das kann nicht lange gut gehen.

Auf der anderen Seite fliegen kanadische Dollarbündel über den Tresen und Runde um Runde wird Schnaps bestellt. Saturday Night in Pink Mountain.

Rechts: Ein Trapperhaus in Hudson Hope. Die Siedlung wurde vor 200 Jahren am Peace River gegründet.

Links: Nach dem Offroad-Ausflug zum Pink Mountain Provincial Park

Etwas abseits sitzt Brian, ein Hüne mit breitem Kreuz und zufriedenem Lächeln. Er schaut auf einem Bildschirm über dem Tresen ein tonloses Eishockeyspiel. »Kein Wunder, dass die Jungs so notgeil sind«, sagt er und zeigt mit dem Kinn auf seine Kumpel. »Wir arbeiten in einem Kaff ganz in der Nähe, am Peace River. Da gibts keine Weiber.« »Für wen arbeitet ihr?«, frage ich. »Für Imperial Oil«, antwortet er. »Wir fördern im großen Stil Öl aus Teersand.« Bei dem Krach und seinem breiten Slang ist er kaum zu verstehen. »Alberta ist de facto ein Ölstaat, Mann«, fährt er fort. »Nach den Saudis und Venezuela lagern dort die drittgrößten Rohöl-Reserven weltweit. Ist

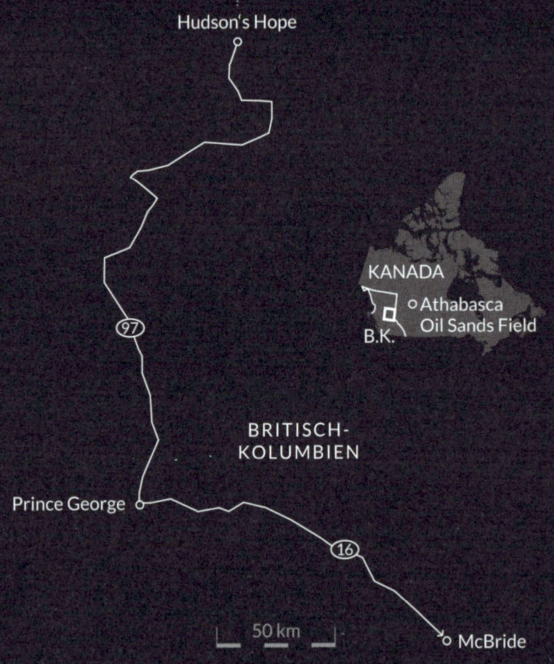

Bahnhof, Kirche und ein wenig Nachtleben: Das ist die Grundausstattung der 600-Seelen-Gemeinde McBride.

allerdings nicht ganz einfach, das Zeug aus dem Sand herauszulösen. Dafür brauchst du Muckis«, lässt er mich wissen und spannt den Bizeps an. »Hier kann ein einfacher Arbeiter 'ne Menge Kohle verdienen. Ich komme von der Ostküste. Für so 'ne Summe müsste ich dort einige Jahre schuften.« Aus der Musikbox dröhnt Neil Young. Kanadas berühmteste Stimme singt: »Rock 'n' roll will never die.«

Später in der Nacht schaue ich mir das Abbaugebiet im Internet an. Im Herzen der Provinz Alberta liegt das Athabasca Oil Sands Field. Auf einer Fläche, doppelt so groß wie Bayern, sollen dort mehr als 170 Milliarden Barrel liegen. Das schwarze Gold ist gebunden, als sogenanntes Bitumen, ist dort zu lesen. Die gängige Methode, mit der aus den Ölsanden Erdöl gewonnen wird, erinnert an den hiesigen Braunkohlebergbau. Nachdem der Wald gerodet worden ist, tragen Bagger den Boden ab und heben dann die ölhaltige Sandschicht aus. Lastwagen bringen die Fracht zur Weiterverarbeitung, wo sie von Steinen befreit und zerkleinert wird. Mithilfe von Wasser und Lösungsmitteln wird das Bitumen vom Sand getrennt und später zu Rohöl veredelt.

Auf den Bildern ist zu sehen, wie aus einem riesigen Nadelwald eine trostlose Mondlandschaft mit Giftteichen und Schwefelbergen geworden ist – es wirkt so, als hätte ein Riese in einem gigantischen Sandkasten gespielt. Eine tote, kaputte Wüste ohne Vegetation. Für sehr lange Zeit wird es dort aussehen wie auf einem unbewohnbaren Planeten.

Und wenn der Ölpreis wieder fällt und sich der aufwendige Abbau nicht mehr lohnt, werden Männer wie Brian weiterziehen. Zurück bleibt dann eine verschandelte Landschaft. Es wird Generationen brauchen, bis sich dieses empfindliche Ökosystem erholen wird.

Hudson's Bay Company

Das Blockhaus ist gemütlich eingerichtet. Bücherregal, Sofa, Teppiche. Gardinen hängen vor den Fenstern. Es scheint, als hätten die Bewohner die Räume gerade verlassen. Kaum zu glauben, dass hier vor über 100 Jahren eine Trapperfamilie gelebt hat.

Der Manager Christian Eschenburg, ein deutscher Auswanderer, führt uns durch das Museumsdorf von Hudson's Hope und erzählt seine Geschichten.

Angefangen hat alles im Jahr 1774 in Britisch-Kolumbien. Die ersten Europäer betraten die Küste und mit dem Pelzhandel drängten die Siedler ins Landesinnere bis nach Hudson's Hope. Kontrolliert wurde das Geschäft von der Hudson's Bay Company. Das älteste Unternehmen Kanadas hatte hier einen Außenposten errichtet. Mehr als ein Drittel der Fläche des heutigen Kanadas gehörte ihr, fast vier Millionen Quadratkilometer. Zu den Handelsposten kamen Trapper und Ureinwohner und tauschten Pelze gegen Munition, Werkzeug, Kessel und Töpfe, Decken und Lebensmittel. Später, als der Pelzhandel nicht mehr lukrativ war, entwickelte sich das Unternehmen zu einer Kaufhauskette. Statt mit Fellen wurde nun mit Geld bezahlt.

Kanadische Kavaliere

Wer einmal in Kanada gewesen ist, weiß, dass die Menschen etwas Besonderes sind. In der TV-Serie »How I Met Your Mother« wird das auf amüsante Weise immer wieder zum Thema gemacht. Robin, eine Protagonistin, ist Kanadierin und kämpft mit den Klischees. Kanadier sind super hilfsbereit, freundlich und entschuldigen sich tausendmal, selbst wenn sie keine Schuld trifft. Sie haben Angst vor der Dunkelheit und kiffen oder nehmen sonst irgendwelche Drogen. Robin läuft auch im Winter mit T-Shirt und Minirock durch New York. Keine Ahnung, was davon zutrifft. Eines weiß ich aber sicher: Kanadier sind überaus freundlich. Willst du zu Fuß einen Highway überqueren und stehst am Straßenrand, werden die Autos anhalten und dir signalisieren, dass du die Straße überqueren kannst. Auch wer einen Passanten nach dem Weg fragt, bekommt immer eine freundliche Antwort.

Tom ist ohne Benzin liegen geblieben. Fünf Männer in schwarzen Klamotten stehen ratlos am Straßenrand, denn auch die Reservekanister sind leer. Eine ältere Dame hält an und fragt, ob es ein Problem gibt. Wie selbstverständlich fährt sie mit Detlef nach

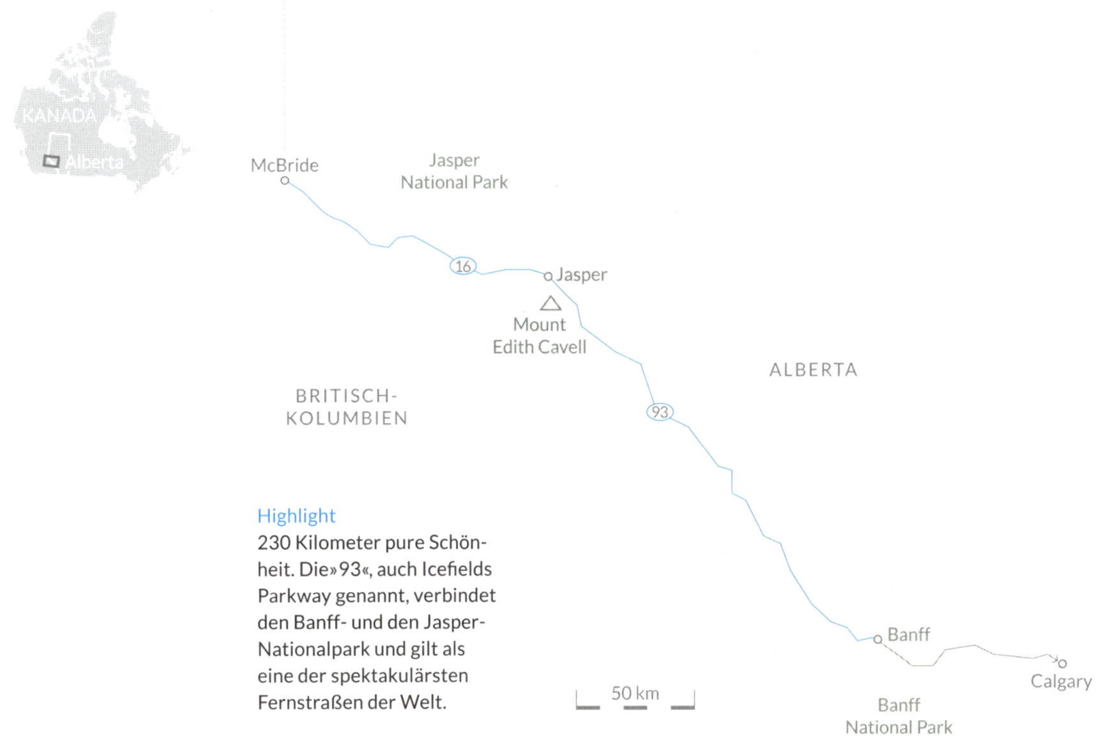

Highlight
230 Kilometer pure Schönheit. Die»93«, auch Icefields Parkway genannt, verbindet den Banff- und den Jasper-Nationalpark und gilt als eine der spektakulärsten Fernstraßen der Welt.

Rechts: Der Hofladen in McBride wirbt mit »fresh eggs and much, much more«.

Links: Der Mount Edith Cavell wurde nach einer englischen Krankenschwester benannt. Im Ersten Weltkrieg hatte die Märtyrerin Fluchthilfe für alliierte Soldaten geleistet.

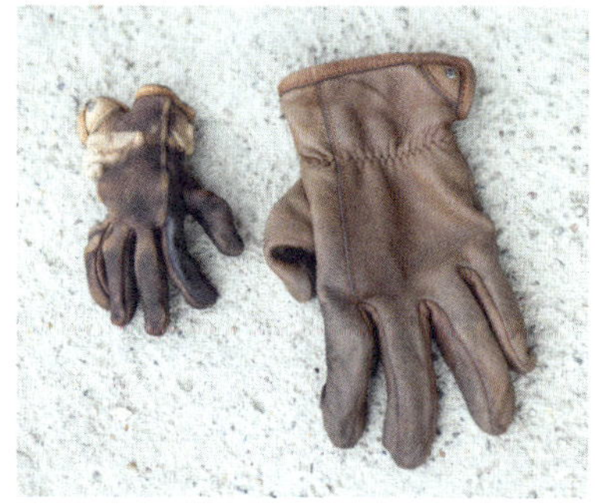

Oben: Stecke niemals deine 200 Euro teuren Hirschlederhandschuhe zum Trocknen in die Mikrowelle.

Links: Schwarzbären leben vorrangig in Wäldern mit sehr dichtem Unterwuchs. Neben dem Menschen kennt er nur einen Feind: den Grizzlybär.

Rechts: Das Banff Springs Hotel hätte auch als Kullsse für Stanley Kubricks Film »The Shining« dienen können.

Hause (30 Kilometer) und holt einen Kanister. Außer einem Dankeschön erwartet sie nichts dafür.

Am Osthang der Rocky Mountains

Trotz der Kälte und des leichten Schneefalls ist bereits die Anreise zum Banff-Nationalpark überwältigend. Zwischen McBride und Jasper zeigt sich Kanada von seiner Schokoladenseite. Um uns eine majestätische Bergwelt und schimmernde Gletscher, die bis an den Highway reichen. Diese Strecke gehört zu Recht zu den schönsten Panoramastraßen von Britisch-Kolumbien und Alberta. Großhornschafe, Hirsche und Bergziegen sind zu sehen. Mit etwas Glück zeigt sich ein seltener Berglöwe.

Als Ureinwohner der Rocky Mountains 1883 den Eisenbahnarbeitern eine heiße Quelle in einer Höhle zeigten, wussten die Männer, dass sie auf einen Schatz gestoßen waren. Dies war die Geburtsstunde der Stadt Banff. Zwei Jahre später erklärten die Gründerväter die grandiose Landschaft um den Ort zum Nationalpark, damit gehört er zu den ältesten der Welt. Bis heute gibt es 47 solcher Schutzgebiete im Land. Ungezähmte Flüsse, kalbende Gletscher, schroffe Bergriesen und türkisfarbene Seejuwele sind ihr Markenzeichen. Einziger Nachteil: Jährlich bewundern 15 Millionen Besucher das Naturspektakel.

Dem Schwarzbären am Straßenrand scheint dieser Trubel nichts auszumachen, er bewegt sich kaum. Gelassen pflückt er Beeren und würdigt die Autoinsassen keines Blicks. Die Meute hat ihre Scheiben heruntergelassen und zückt ihre Handys. Es wird nicht lange dauern, bis unzählige Fotos von Meister Petz auf Facebook, Instagram und Co. auftauchen.

Sein Rumpf ist massiv und die Gliedmaßen kräftig. So gefährlich wie sein großer Bruder, der Grizzly, ist der Schwarzbär aber nicht. Ein Sicherheitsabstand von 20 Metern ist dennoch ratsam, denn Baribals können auch ungemütlich werden. Um an Essbares zu kommen, ist der Schwarzbär in der Lage, ein Auto auseinanderzunehmen.

Banff

Das Banff Spring Hotel ist eine Luxusunterkunft mit 757 Zimmern. Als die Canadian Pacific Railway das Anwesen 1888 eröffnete, galt es als das Beste auf dem Kontinent. Da wir die grandiosen Landschaften nicht exportieren können, müssen wir die Menschen eben importieren, hieß es. Mit seinen Türmchen und Erkern ähnelt es einem schottischen Schloss. Spektakulär in den Rocky Mountains gelegen, wurde die Burg aus Backstein zunächst als Eisenbahnhotel genutzt. Heute zieht sie Tausende von Touristen an: zum Skifahren, Golfen oder Wandern. Auf dem Parkplatz steht eine Armada an Bussen und wahre Menschenmassen drängen sich in die Lobby. Peter und ich folgen der Traube. Wer durch die Gänge schlendert, hat das Gefühl, mit Harry Potter in Hogwarts zu sein. Insbesondere die sieben Flügel, die 23 Fahrstühle und 33 Treppen erwecken den Eindruck, als wären sie Teil einer Filmkulisse für ein Geisterschloss.

Bei so viel Schauer und Grusel darf eine Spukgeschichte nicht fehlen: Sam McCauley, der hier als Page gearbeitet hatte, liebte seinen Job. Als er 1975 starb, versprach er, dass er das Hotel aus dem Jenseits besuchen werde. Im Laufe der Jahre haben Gäste und Mitarbeiter mysteriöse Dinge erlebt. Einige schworen, dass sie den alten Mann auf den Gängen gesehen hätten. Um dem Spuk auf die Spur zu kommen, wurden die Geisterjäger Dave Oester und Sharon Gill engagiert. Auf ihren Aufnahmen sollen sich seltsame Lichtstrahlen befunden haben – wen wunderts?

BANFF SPRINGS SHOPS

Links: Schiffscontainer auf Kiesbett. Ein Purist unter den Storages steht in Calgary.

Mitte: Zwischen den Rocky Mountains und der kanadischen Prärie ritten einst Cowboys. Heute verläuft dort der Highway 22.

Rechts: Detlef vor dem Terex 33-19 Titan

Tour 3, 2013

Bei der dritten Tour stellt sich eine gewisse Routine ein. Wieder bringt uns ein Großraumtaxi direkt zum Storage, wieder setzen wir die Batterien ein, die aufgeladen vor unserer Box stehen. Und wieder springen die Harleys gleich beim ersten Druck auf den Anlasser an. Kein Rumgenudel, zack, da. Wer will da auf die schlechte Qualität von US-Fahrzeugen schimpfen? Dieses Mal haben die Bikes in einem 40-Fuß-Container nördlich von Calgary überwintert. So eine Stahlkiste scheint ein idealer Ort für die Lagerung zu sein, denn auf den Mopeds liegt kaum Staub.

Ein leichter Schauer setzt ein. Keiner kann ahnen, was eine Woche später daraus wird. Aus Regen wird Starkregen, der sich in sintflutartige Wassermassen verwandelt. Über den kanadischen Westen sollte bald ein ungewöhnlich heftiges Unwetter toben. Betroffen sind vor allem die Provinz Alberta, insbesondere die Millionenstadt Calgary, wo die Flüsse Bow und Elbow über die Ufer treten. Eine solche Flut hat es hier seit Menschengedenken noch nicht gegeben. Rund 75 000 Menschen müssen ihre Häuser verlassen. Nachdem drei Personen sterben, wird die Innenstadt evakuiert. Glücklicherweise sind wir zu dieser Zeit bereits 2000 Kilometer weiter südlich im Death Valley, einer Gegend, wo Regen ein Fremdwort ist.

Megatruck

Im Süden von Britisch-Kolumbien kurven wir durch das Elk Valley, ein Tal mit langer Bergbautradition. 200 Jahre Abbau haben hier überall ihre Spuren hinterlassen. Verlassene Anlagen und Hütten am Straßenrand gammeln vor sich hin. Keiner hat sich die Mühe gemacht, sie abzutragen.

Ähnlich wie bei der Ölförderung in Alberta ist auch hier der Eingriff in die Natur verheerend. Ganze Landstriche sind verwüstet und tot. Einige Krater sind so riesig, als wäre ein Meteorit eingeschlagen. Kohle, Öl, Gold und Diamanten. Bodenschätze des Nordens, deren Abbau die Umwelt gravierend und nachhaltig schädigt. In Sparwood, einem verschlafenen Nest im Herzen des Tals, hat kaum jemand etwas

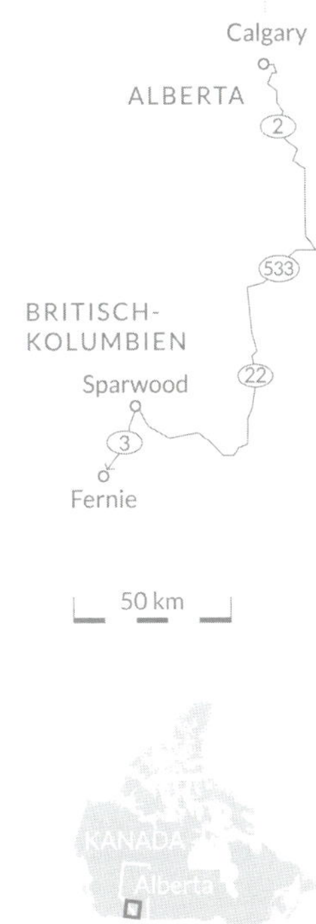

gegen die Tiefbaumethoden, denn ein Großteil der Gemeinde arbeitet für die hiesigen Bergbauunternehmen. Der Ort machte einen friedlichen Eindruck, obwohl er keine Schönheit ist. Niemand würde auf die Idee kommen, von hier eine Postkarte zu verschicken, gäbe es nicht den Muldenkipper Terex 33-19 Titan. Groß wie ein Einfamilienhaus und mit einem Leergewicht von rund 230 Tonnen steht die Hauptattraktion des Ortes vor dem Einkaufszentrum im Stadtzentrum. Wer mit diesem gelben Monstrum einen Parkplatz finden müsste, hätte es schwer, denn seine Maße sind beeindruckend: Es ist 20 Meter lang und 7,60 Meter breit. Von 1968 bis 1974 hat General Motors an dem Megatruck gebaut. Um die tonnenschweren Bauteile zu transportieren, wurden acht Eisenbahnwaggons gebraucht. Zunächst kam der Laster in Südkalifornien zum Einsatz, bis er später in Sparwood Kohle transportierte. Aber solche Rekorde sind Schnee von gestern. Heute baut Caterpillar noch größere Trucks. Der Cat-Muldenkipper 797F kann bis zu 363 Tonnen Nutzlast tragen.

Oben: Erst eroberten Motels die Herzen der Easy Rider, dann wurden sie zum Symbol einer autoverrückten Nation. Heute ist Amerika überzogen von Hotels mit dem »M«.

Rechts: Wandschmuck im Bulldog Saloon in Whitefish

Im Subway gegenüber lauschen wir bei einem Sandwich Präsident Obama, der im Radio einen Klimaschutzplan ankündigt. Mit seiner Rede wirbt er für eine grüne Revolution. Da 40 Prozent des weltweiten Stroms mithilfe von Kohle erzeugt werden, gehört seine Verfeuerung zu den größten Umweltsündern der Erde. Ob das in Sparwood in absehbarer Zeit Jobs kosten wird, bleibt abzuwarten.

Flathead Reservat

»Hebt mal den rechten Arm, das könnt ihr doch als Deutsche«, sagt der Beamte an der amerikanischen Grenze und schmunzelt. Er nimmt unsere Fingerabdrücke und stellt die üblichen Fragen, nur ist er dabei lustiger als die meisten seiner Kollegen. Das ESTA-Formular und die Motorradpapiere interessieren ihn nicht. Keine Versicherungsdaten oder Hotelanschrift. Zu guter Letzt schenkt er uns noch eine Straßenkarte von Montana.

In Montanas Norden, an der »93«, liegt das Bison Inn Cafe. Der Kellner, der zugleich Koch ist, serviert dort riesige Buffalo-Burger. »Das Fleisch kommt hier aus der Gegend«, sagt er und wischt sich die Hände an der Schürze ab. Kurz darauf bringt er die zweite Spezialität des Hauses, den Huckleberry-Shake. »Die Heidelbeeren sind auch von hier«, betont er und steckt Strohhalme in die Milkshakes.

Bilder von stolzen Indianern und Bisonherden schmücken den Speiseraum. Eine rote Flagge, auf der Flathead Nation steht, ist der auffälligste Wandschmuck. In der Mitte der Fahne sind ein Tipi und ein paar Federn gestickt. Der Kellner sagt: »Das hier ist Indianerland, ihr sitzt mittendrin.«

Am Morgen haben wir die einfachen Holzhäuser der Native People gesehen. Neben Müllbergen parken rostige Pick-ups in den Vorgärten. Im Flathead Reservat leben 5000 Ureinwohner und kämpfen mit Alkoholismus, Arbeitslosigkeit, Gewalt – aber auch

USA

In der dritten Etappe durchqueren wir die USA von Norden nach Süden. Wir wählen nicht die Küstenroute über San Francisco, sondern folgen der Panamericana quer durchs Land.

NO PARKING
I'M SO HAPPY HERE, I COULD JUST SHIT.
WWW.FART/SLOBBER.COM
THE DAWG
WHINING
PACKAGE 50¢
MONTANA PRIVACY

mit der Suche nach ihrer Identität. Es ist schwer zu sagen, wo der Teufelskreis seinen Anfang nahm: ob die Indigenen trinken, weil sie keine Arbeit haben, oder ob sie keine Arbeit haben, weil sie trinken. Klar ist nur, dass ihre traditionelle Lebensart stirbt. Nur noch 60 der Alten sprechen die Salish-Sprache.

Wir trinken noch einen Kaffee, als sich ein Truckfahrer an unseren Tisch setzt. Langer Bart, Jägerkluft, massiger Körper. Seinen Lkw hat er direkt vor der Ladentür geparkt, der Motor läuft noch. »Aus good old Germany seid ihr«, sagt er. »Da unten am Fuß der Mission Mountains gibts ein paar von euch. Die fahren noch in Kutschen umher und tragen komische Klamotten, kaufen unser ganzes Land auf und machen sich immer breiter«, schwadroniert er. Er redet und redet, doch keiner hört mehr zu.

Wir hatten schon einiges von Montanas Rednecks und den rechtsextremen Neo-Milizen gehört. Ob der Brummifahrer dazugehört – keine Ahnung. Die Wahrheit ist, die Amish People kamen schon vor dem Ersten Weltkrieg nach Montana, und es gibt weniger als 700 in diesem Staat, der größer als Deutschland ist.

Bis jetzt sind wir noch keinem von ihnen begegnet, selbst Afroamerikaner scheint es hier kaum zu geben. Kein Wunder, in Montana liegt der Anteil der »black people« unter einem Prozent. In keinem anderen Staat ist die Quote geringer.

Gwen Kircher, eine Afroamerikanerin, die in einen kleinen Ort in Montana gezogen war, erzählt in der »New York Times«: »Seit ich hier lebe, hab ich das Gefühl, die weißen Leute schauen mich alle an. Wenn ich in eine Bar gehe, greift der Barkeeper gleich zum Telefon und sagt: ›Schnell, hier unten gibt es eine schwarze Frau in der Stadt.‹ In meinem Ort gibt es auf 400 Weiße einen Schwarzen.«

Mit Fliegen Forellen fischen

Im Grizzly Hackle Fly Shop in Missoula bekommen wir einen Eindruck davon, wie kompliziert Angeln sein kann. Hier geht es nicht darum, einen Wurm in die Tiefe zu lassen und Bier trinkend auf einen Fang zu warten. Nein, hier geht es um die Königsdisziplin: das Fliegenfischen.

Zunächst soll jeder von uns für 25 Dollar einen Angelschein erwerben. Dafür sind wir mit unserem Guide David ins Fachgeschäft gefahren. David trägt kurze Hosen, T-Shirt und Sonnenbrille, so wie alle hier. Auf seinem Base Cap steht: »kiss and release«.

Auf einem fünf Meter langen Tresen liegen Hunderte bunter Köder aus Fell, Vogelfedern oder Kunststoff, die sogenannten Tails. In allen denkbaren Farben und Formen sollen sie die Beutetiere der Forellen simulieren. Vor einem Regal mit Angelschnur gibt er die erste Unterweisung. »Die Köder sind zum Werfen zu leicht, nur das Eigengewicht der Schnur kann als Wurfgewicht verwendet werden«, erklärt David. Dabei greift er sich eine Long-Belly-Schnur und scheint ihr Gewicht in der wippenden Hand zu spüren. »Ihr braucht eine besondere Wurftechnik und solch ein spezielles Angelgerät.«

Da Missoula ein Paradies für Fliegenfischer ist, wurde hier der Hollywoodstreifen »In der Mitte entspringt ein Fluss« gedreht. In dem Drama, das in den 1920er-Jahren spielt, geht es um zwei grundverschiedene Brüder: den Draufgänger Paul (Brad Pitt) und den Intellektuellen Norman (Craig Sheffer). Nur ihre Liebe zum Fliegenfischen vereint die beiden.

»Der Fisch an Brad Pitts Angel war viel zu groß. Ich denke, der wurde im Supermarkt gekauft«, sagt David. »Außerdem waren seine Angelbewegungen zu ausladend. Aber süchtig ist er doch geworden, noch Jahre später wurde er hier gesehen.«

Bevor wir auf die Forellen losgelassen werden, gibt es in einem nahe gelegenen Park erste Trockenübungen. Es ist brüllend heiß und wir mühen uns ab, denn die Wurftechnik ist kompliziert wie ein Golfschwung. Ziel ist es, dass die Schnur in der Luft lassohafte Kreise zieht und der Köder punktgenau beim vermuteten Fisch landet. Unmöglich! David beruhigt uns: »Man braucht ein Leben, um ein Meister zu werden.« So lange haben wir keine Zeit, daher gehts zum Clark Fork River.

Bisher war Fischen für mich immer glitschig, schuppig, stinkend. Aber hier an dem wunderbaren Gewässer zu stehen und gefühlvoll die Rute zu bewegen, kommt einer Yogaübung gleich. Die Schnur, die

Oben: Tom ist der Einzige, der eine Forelle fängt.

Unten: Auf dem Foto wirkt der Fisch eher klein. Abends beim Bier wird er immer größer.

Links: Der Flathead Lake ist der größte Süßwassersee im Westen der Vereinigten Staaten. Sein südlicher Teil liegt im Reservat der Ureinwohner.

oben die Angel verlängert, streckt sich, wird meterweit nach vorne, nach hinten und wieder nach vorne geschleudert. Drei-, viermal soll man auf diese Weise Anlauf nehmen, während man mit der linken Hand weitere, aus der Rolle gezogene Schnur freigibt, um die Reichweite zu verlängern – soweit die Theorie.

»Ich hab einen«, ruft Tom ein Stück flussabwärts. Eine goldglänzende Forelle zappelt im Sonnenlicht. Da wir ein Material ohne Widerhaken verwenden, kann Tom den Fisch leicht befreien und zurück in die Fluten legen. Kiss and release!

Wüsten in Schwarz und Weiß

Idaho wird verächtlich »flyover country« genannt. Viele glauben, dort gibt es nur Kartoffeln. Zu Unrecht, denn der 43. Staat bietet mehr. Abseits vom Massentourismus fallen mir einige positive Adjektive ein: unaufgeregt, menschenleer, zurückhaltend und sympathisch abgerockt. Und für Jungs wie mich, die als Kind Astronaut werden wollten, gibt es dort noch etwas ganz Besonderes: den Craters of the Moon Park. Erkaltete Lavaströme und Schlackenkegel haben dort vor 15 000 Jahren eine schwarze, bizarre Landschaft geformt. Diese vulkanische Wüste hat große Ähnlichkeit mit der Mondoberfläche. Jeder kann sich hier wie Alan Shepard fühlen, der in diesem Gelände mit seiner Crew im Jahr 1969 für die Apollo-14-Mission trainierte. Als einige der Helden später wieder hierherkamen, bestätigten sie, dass die Landschaft der lunaren Oberfläche sehr ähnelt und die Trainingsbedingungen im Park ideal waren.

Am Eingang des Nationalparks steht ein Besucherzentrum. Alles Wissenswerte über diese Gegend wurde zusammengetragen und dort ausgestellt. Auf Tafeln sind Hasen, Antilopen oder Rotfüchse zu sehen, aber auch Pflanzen, die in dieser unwirtlichen Kulisse wachsen. Selbst komplizierte geologische Zusammenhänge sind anschaulich aufbereitet und bringen den Besuchern Aschekegel, Spritzenkegel und Schildvulkane näher.

»Besonders stolz sind wir auf die NASA-Missionen, die hier stattgefunden haben«, berichtet eine Mitarbeiterin im Visitor Center einer Reisegruppe.

Highlight

Eine Serpentinenstraße windet sich von Montana nach Idaho. Erst führt sie durch einen spärlichen Nadelwald bergauf, direkt hinter dem Gipfel verändert sich die Landschaft so plötzlich wie ein Szenenwechsel im Theater. Dort wartet eine karge, mexikanisch anmutende Umgebung.

Frühstückseinerlei. Wer morgens etwas Gesundes essen will, hat es schwer in Idaho (oben). Seine Straßen sind aber etwas für Feinschmecker (rechts).

45
M.P.H.

Oben: Der Inferno Cone, in der Mondlandschaft von Idaho

Links: Für Liebhaber von Oldtimern kann der Straßenrand zum Paradies werden. Der Fleetline war in den 1940er-Jahren der Verkaufsschlager von Chevrolet.

Dann erzählt sie eine dieser Geschichten, die so wohl nie stattgefunden haben: Einer der Astronauten, der hier trainierte, traf einen Ureinwohner aus der Gegend. Der fragte ihn, ob er zum Mond fliegen würde. Der Raumfahrer nickte und der Indianer sagte darauf: »Unsere heiligen Geister leben dort oben, kannst du ihnen ein paar Worte ausrichten?« »Das will ich tun«, sagte der Astronaut und lernte einige Sätze auswendig, die er aber nicht verstand. Zurück bei der NASA fand er einen Kollegen, der die alte Sprache übersetzen konnte. »Nehmt euch in Acht«, hatte der alte Indianer gesagt. »Die Fremden wollen euer Land. Sie verfolgen keinerlei gute Absichten.«

Es braucht einen Moment, bis die Reisegruppe reagiert. Einige heben die Augenbrauen, andere lächeln ein wenig gequält.

Jetzt wollen wir selbst zum Mond reisen und kurven mit den Mopeds durch die schwarze Lavalandschaft. Harleys sind zwar keine Mondfahrzeuge wie das vierrädrige Lunar Roving Vehicle, aber die Schleife durch den Nationalpark ist genau das Richtige für Möchtegern-Astronauten wie mich.

Fünf Fahrstunden weiter südlich liegt das nächste Ödland. Auch seine Geschichte ist voll von abenteuerlustigen Hasardeuren, die ihr Leben riskierten. Der größte Teil des Lake Bonneville ist heute eine Salzwüste und noch unwirtlicher und lebensfeindlicher als die Craters of the Moon. Selbst Klapperschlangen und Skorpione meiden diese salzige Gegend.

Die Luft ist staubtrocken, das Weiß tut in den Augen weh. Wäre es nicht so heiß, könnte man meinen, inmitten einer Schneeebene zu stehen. Seit 70 Jahren findet hier jährlich die Speedweek statt. Geschwindigkeitsjunkies brauchen genau dieses plane Umfeld zum Leben. Angefangen hat alles mit Fahrrädern, Autos und Motorrädern. Später wurden daraus bemannte Turbinen. 1914 fuhr der Rennfahrer Teddy Tetzlaff mit seinem Blitzen-Benz II 229 Kilometer pro Stunde. Gary Gabelich durchbrach 1970 mit seinem Raketenauto Blue Flame die 1000er-Marke.

Das ganze Jahr über schrauben die tollkühnen Männer in Werkstätten an ihren rasenden Kisten, um noch ein paar PS aus den Motoren zu kitzeln.

Auch wir versuchen uns mit den Bikes auf der Piste. Einmal Vollgas bis zum Anschlag. Die Oberfläche des Salzsees ist allerdings erstaunlich uneben. Wahrscheinlich wird die Strecke vorab präpariert, heute würde sich jeder Highway um die Ecke besser für ein Rennen eignen. Einen unübersehbaren Vorteil gibt es allerdings: Hier stehen keine Hindernisse im Weg.

Plastikschlüssel

Wir haben uns in Wendover im Casinohotel Montego Bay einquartiert. Das Grundstück der Anlage er-

Shoshone in Idaho soll an die stolzen Ureinwohner erinnern. Durch Karl May sind uns die »Schoschonen« als Freunde von Winnetou bekannt.

PHILLIPS 66

Oben: Typisch amerikanisches Klischee. Die deutsche Frau trägt Dirndl, selbst wenn sie aus dem Hamburger Stadtteil St. Pauli kommt.

Links: Das Regelwerk für die Speedweek auf Amerikas großer Salzwüste umfasst diverse Klassen. Motorräder sind auch dabei.

»Ich habe die Wüste immer geliebt, sagte der kleine Prinz.
Man setzt sich auf eine Sanddüne.
Man sieht nichts, man hört nichts.
Und währenddessen strahlt etwas in der Stille.«

Antoine de Saint-Exupéry

streckt sich kurioserweise über zwei Zeitzonen. Roulette wird in Nevada gespielt, geparkt davor in Utah. Wartet auf dem Parkplatz ein Taxi seit einer Stunde auf seinen Fahrgast, hat der den Zeitsprung wohl vergessen – im Osten ist man schon etwas weiter. Ein Raucher, der vor der Hoteltür qualmt und seinen Drink aus der Bar mitgenommen hat, sollte nicht zu seinem Auto schlendern. Und falls doch, unbedingt eine dieser verräterischen braunen Papiertüten über das Getränk stülpen, denn der Mormonenstaat versteht keinen Spaß beim Alkoholkonsum im Freien. Zugegeben, das ist sehr hypothetisch, denn genau genommen müssen Raucher in Nevada das Casino nicht verlassen. An den meisten Spieltischen ist das Qualmen noch geduldet.

Im Casinohotel gibt es über 500 Zimmer und gefühlte 5000 Spielautomaten, selbst neben dem Frühstückstisch klingelt und bimmelt es. Überall gedämpftes Licht und leise Fahrstuhlmusik, um die Zocker einzulullen und nicht vom Spielen abzulenken.

Seit den 1940er-Jahren ist das Glücksspiel in Nevada legalisiert. Prächtige Hotels mit integriertem Spielcasino schossen wie Pilze aus dem Boden. Für Reisende wie uns ist das eine Wonne. Um Gäste an die Dattelautomaten zu bekommen, locken Fünfsternehotels mit günstigen Zimmerpreisen.

Um drei Uhr in der Früh – auf dem Parkplatz ist es schon vier – erwache ich in meinem riesigen Kingsize-Bett und habe Durst. Da nur noch Schnaps und Cola in der Minibar zu finden sind, muss ich auf den Flur zum Getränkeautomat, der nur einige Meter entfernt steht. Nur mit einer Unterhose bekleidet, husche ich vor die Tür und kaufe eine Flasche Wasser. Dann höre ich ein leises Klicken hinter mir, es ist meine Zimmertür. Wie durch Geisterhand ist sie ins Schloss gefallen.

Meine Magnetkarte habe ich dabei, doch das Ding will die Tür nicht öffnen. Mist, am Abend hat sie noch bestens funktioniert. Zu müde, um mich aufzuregen, mache ich mich stoisch auf zur Rezeption, durch die riesige Hotelanlage, barfuß schleiche ich über flauschige Teppiche. Dabei treffe ich auf jede Menge Hotelgäste. Ältere Leute im Fahrstuhl, Spieler mit Cowboyhüten auf den Gängen, selbst Kinder, die noch wach sind. Niemand scheint über einen Gast in Unterhose überrascht zu sein, denn keiner schaut irritiert. Ist Amerika doch nicht so prüde, wie ich immer gedacht habe, oder ist das die Art, wie man in Nevada mit Bekloppten umgeht, denke ich. Spätestens als ich an der Rezeption um eine neue Keycard bitte, habe ich das Gefühl, komisch angeschaut zu werden.

Die Bombe der Enola Gay

Einen Steinwurf von unserem Hotel in Wendover entfernt, liegt die alte Air-Force-Basis. Während des Zweiten Weltkrieges trainierten dort Piloten das Abwerfen von Bomben. Sie sollten auf 9000 Meter Höhe aufsteigen und in der umliegenden Wüste ihr Ziel bis

auf einige Meter genau treffen. Immer und immer wieder. Der Kommandeur der Truppe, Paul Warfield Tibbets, war nach Los Alamos, New Mexico, gereist, wo Wissenschaftler unter Leitung des Physikers Robert Oppenheimer die Mutter aller Waffen entwickelten. Er war von der unglaublichen Vernichtungskraft beeindruckt und konnte den Einsatz kaum erwarten.

Am 6. August 1945 war es dann so weit, es wurde ernst. Die tödliche Fracht war auf dem Seeweg nach Tinian gebracht worden, einer Insel im Pazifischen Ozean. Dort nahm Tibbets Crew die Bombe auf und flog in einem B-29-Bomber Richtung Norden. Gegen halb acht in der Früh gab er seinen Männern das Angriffsziel bekannt: »Es ist Hiroshima.« 45 Minuten später ließ er den Bombenschacht der Enola Gay öffnen und leitete den ersten Abwurf einer Atombombe ein. In einer Höhe von 580 Metern detonierte »Little Boy«, in diesem Augenblick starben Zehntau-

Links: Auf Wendovers Flugplatz wurden Szenen der Filme »Con Air«, »Hulk« und »Independence Day« gedreht.

Mitte: In Nevada ist das Glücksspiel erlaubt. Es gibt 327 Spielcasinos, eines davon ist das Wendover Nugget.

Rechts: Während des Kalten Krieges wurden in der Tonopah Test Range Atomwaffen getestet. Das Sperrgebiet in der Wüste ist größer als L. A.

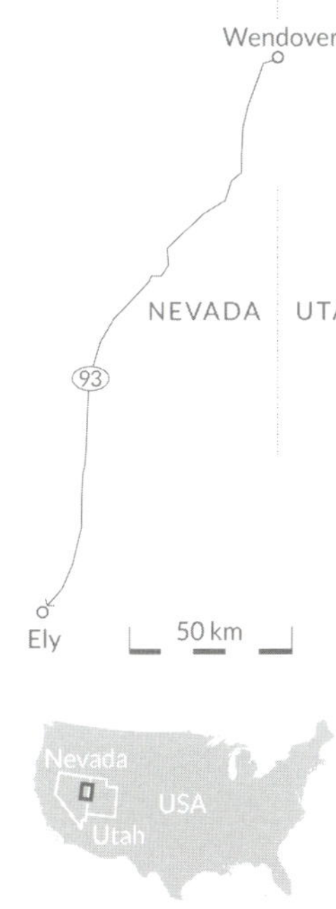

sende Menschen einen atomaren Tod. Mittlerweile trug jeder an Bord eine Schutzbrille, um vom Licht der Explosion nicht zu erblinden. Co-Pilot Robert A. Lewis starrte auf den Atompilz, der unter ihnen in den Himmel wuchs und schrieb in sein Logbuch: »Oh mein Gott, was haben wir getan?« Unter den Besatzungsmitgliedern herrschte Stille im Angesicht des von ihnen entfachten Infernos. Tibbets Stimme beendete das Schweigen und verkündete stolz über den Bordfunk: »Jungs, ihr habt gerade die erste Atombombe der Geschichte abgeworfen!«

Auf die Frage, ob er sich nichts vorzuwerfen habe, antwortete Tibbets später: »Ich hatte nie eine schlaflose Nacht, nur weil ich die Bombardierung befehligte.«

Heute stehen rund um den Wendover Flughafen kaum noch Gebäude aus jener Zeit. Zur Erinnerung hat man das Airfield Museum eingerichtet, dessen Hauptattraktion ist eine Kopie von »Little Boy«. Sie ist so groß wie ein Kleinwagen und wirkt plump und wenig aerodynamisch. Wer sich ihr nähert, spürt ihre teuflische Aura. Unweigerlich denkt man an die 140 000 Menschen, die das Original getötet hat.

Wyatt Earp

Lowell George erzählt im Song »Willin'« von einem Lkw-Fahrer, der müde ist und in jedem Scheinwerferlicht die hübsche Alice sieht. Das Lied wurde zur amerikanischen Trucker-Hymne und jeder Fahrer kennt den Refrain: »Weed, whites, and wine« (Gras, Pillen* und Wein). Aufputschmittel, die Truckdriver brauchten, um nachts durch Nebel und Regen von Tucson nach Tonopah weiterzufahren. Durch Tonopah fahren wir gerade, und ich habe das Lied im Ohr.

Kurz nachdem Tonopah gegründet wurde, kam Wyatt Earp mit seiner Frau Josie in die Stadt. Er hatte sich bereits als Farmer, Transporteur, Büffeljäger und Gesetzeshüter verdingt und kam gerade aus Alaska. Jetzt wollte er sich als Gastronom versuchen

** Auch Trucker Whites genannt. Pharmazeutisches Benzedrin oder Amphetamin*

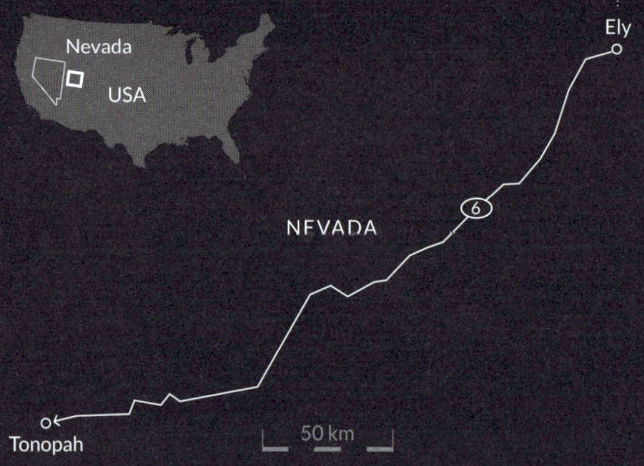

Links: Wer in der Bar des Mizpah Hotels sitzt, spürt den Wilden Westen. Seit über hundert Jahren hat sich dort kaum etwas verändert.

Rechts: Auf dem alten Friedhof haben die Pioniere der Bergbaustadt ihre Toten begraben. Viele der irischen und italienischen Einwanderer sind nicht über das Kindesalter hinausgekommen.

und eröffnete den Northern Saloon in der Main Street. Am Tresen sprach sich schnell seine Teilnahme an der Schießerei am O.K. Corral herum. Neun Jahre zuvor war er mit seinen Brüdern und Doc Holliday in Tombstone an einer legendären Schießerei gegen vier Revolverhelden beteiligt, die den Ort terrorisierten. Grund genug, Wyatt Earp zum Marshal von Tonopah zu wählen. Doch Tonopah war nicht Tombstone. Earp musste hauptsächlich Papierkram erledigen und sich um betrunkene Gäste seiner Bar kümmern. Wilde Gefechte gegen Desperados gab es nicht. Frustriert verließ er das langweilige Nest und zog mit seiner Frau weiter Richtung Süden.

Heute gibt es keine Männer mehr in staubigen Stiefeln und Sporen. Der Ort ist nur noch ein melancholischer Nachklang jener Zeit. Die Hauptstraße wird von den üblichen Motels, Fast-Food-Restaurants und Souvenirshops gesäumt. Als Hommage an die gute alte Zeit wurden einige Fassaden in Wildwest-Manier gestaltet.

Das auffälligste Bauwerk der Stadt ist das Mizpah Hotel. Es wurde 1907 eröffnet, sechs Jahre nach der Ortsgründung. Als höchstes Gebäude in Nevada, machte es einiges her. Doch seine größte Sensation war der elektrische Fahrstuhl. Nachdem die Otis Elevator Company die ersten absturzsicheren Aufzüge nach New York und Chicago geliefert hatte, kam ein Lift nach Tonopah. Westlich des Mississippi hatte man so etwas noch nicht gesehen. Die Leute standen Schlange, um einmal in die Luft gehoben zu werden.

Am Abend trinken wir im Mizpah Hotel ein Bier in der legendären Wyatt Earp Bar. Hat er wirklich selbst hier gesessen und seinen Whisky gekippt? Gab es sogar eine Schießerei? Der Raum scheint aus der Zeit gefallen zu sein. Das viktorianische Ambiente hat die 100 Jahre überstanden. Plüschige Sessel, Stofftapeten und Teppichböden in den typisch gedeckten Farben jener Epoche. Nur die drei Fernseher, auf denen ein College-Baseballspiel läuft, stören.

Später erfahren wir, dass die Earps längst in Los Angeles lebten, als das Hotel gebaut wurde. Aber Marketingexperten nehmen es ja häufig nicht so genau mit der Wahrheit, um ein paar Gäste zu gewinnen.

TONOPAH CEMETERY
1901-1911
AFCON
AMERICAN FENCE CO
OF
NEVADA

Cops

Unser Gepäck liegt im Hotelzimmer und der Staub des Tages ist abgeduscht. Die Sonne steht schon tief und spiegelt sich auf der Straße, als wäre sie flüssig. Der Tag war heiß und die Restwärme, die der Asphalt gespeichert hat, steigt jetzt wieder auf. Bunte Neonreklamen werden eingeschaltet. Sie flackern, bis sie hell erleuchtet ihre Nachtschicht antreten.

Auf der Suche nach einem Restaurant tuckern wir durch den kleinen Ort. Es dauert nicht lange, bis wir an einem Schild ankommen: »Danke, dass Sie Ridgecrest besucht haben.« Also zurück! Unentschlossen, wo es hingehen soll, machen wir im Zentrum erneut einen U-Turn.

Hinter uns wird eine Sirene eingeschaltet. Mist, Polizei. Wir halten am Straßenrand, machen die Maschinen aus und ich fühle mich wie ein Schüler, der beim Rauchen erwischt worden ist.

Zwei Officers steigen aus einem Streifenwagen, wobei einer auf mich zuschreitet. Sein Kollege behält uns mit einer Hand an der Waffe aus der Distanz im Auge. Von ihren Hüften hängen Knarre, Spraydose, Taschenlampe, Schlagstock und Handschellen. Trotz der einsetzenden Dunkelheit tragen sie Sonnenbrillen. »Welcome to America«, denke ich. Jetzt keine hektische Bewegung machen, das kann schnell eine Kettenreaktion auslösen und wir kommen in die Abendnachrichten.

»Sie haben eben drei Dinge falsch gemacht«, sagt der Gesetzeshüter kühl. »Sie sind zu schnell gefahren, haben unerlaubt gewendet und eine Ampel übersehen.« Er zieht einen Block aus seiner Brusttasche und bietet mir zwei Möglichkeiten an: 400 Dollar Strafe oder zwei Tage Knast. Er schreitet um mein Motorrad, um das Nummernschild zu notieren. Als er die Kennung sieht, sagt er: »Oh shit, Alaska.« Er tritt wieder an meine Seite und meint: »Machen Sie, dass Sie wegkommen!«

Ich habe kein einziges Wort gesprochen, keine Ahnung, was das Nummernschild ausgelöst hat. Sind die Jungs aus Alaska die Ostfriesen Amerikas und können nicht Auto oder Motorrad fahren? Egal, bloß schnell weg hier.

Tal des Todes

Vor vielen Jahren bin ich mit ein paar Freunden auf Yamaha XTs durch die Sahara gefahren. Ich kann mich nicht erinnern, warum wir das ausgerechnet im Sommer gemacht haben, denn zu dieser Jahreszeit sind Temperaturen von 50 Grad keine Seltenheit. Inmitten der Algerischen Wüste, zwischen der Stadt In Salah und einem Hochplateau namens »Garten des Satans«, war es so heiß, dass ich Nasenbluten bekam – einfach so. Es fühlte sich an, als würde mein Blut kochen. Um mich abzukühlen, goss ich Wasser über meinen Kopf. Doch das war heiß und verdunstete explosionsartig. Die Haare waren wieder trocken.

Im Death Valley herrschen ähnliche Bedingungen. Die Sonne brennt erbarmungslos und der Fahrtwind fühlt sich an, als hätte jemand einen Aufguss in der Sauna gemacht. Zum ersten Mal auf unserer Tour wünsche ich mir ein Auto mit Klimaanlage.

Trotz der Hitze lohnt sich diese lebensfeindliche Wüstenlandschaft, denn sie ist atemberaubend schön und strotzt vor Superlativen: trockenster Platz der Vereinigten Staaten, höchste jemals gemessene Temperatur auf dem Kontinent (56,7 Grad), Sanddünen, die weit hörbar brummen, Pflanzen, die jahrelang ohne Regen auskommen, und Tiere, die kaum Wasser brauchen.

45er Magnum

Wir sitzen im Garten von Peters Ex-Frau Steffi und grillen. Seit einigen Jahren lebt sie mit ihrem neuen Mann Kevin in Los Angeles. Sie erzählt, dass sie ein gebranntes Kind sei, seit einmal ein großer Mann in ihrem Garten stand und sie bedrohte: »Genau dort hat er gestanden«, sagt sie und zeigt auf die Hecke. Tags darauf hat Kevin sich eine Smith & Wesson, Model 29 zugelegt. »Morgen können wir damit schießen gehen«, sagt er und streichelt liebevoll über den Revolver.

Meine Frau Kerstin und unser 16-jähriger Sohn Tim sind auch dabei. Sie haben hier Urlaub gemacht und wir wollen noch gemeinsam ein paar Tage dranhängen. Die Knarre geht im Kreis herum und jeder darf das kühle Metall berühren. Tim ist begeistert.

Highlight

Die Parkwächter im Death Valley haben es vorgemacht: Das Tal des Todes kann so heiß werden, dass man dort auf dem Boden Eier braten kann. Trotz der Hitze ist die Wüstenlandschaft beeindruckend. Bizarre Gesteinsformationen und wunderschöne Sanddünen machen das Ödland zu einem Erlebnis.

Leider ist Kevin am nächsten Morgen nicht zu erreichen, sein Angebot hat er wohl vergessen. Tim ist mächtig sauer. Ein reales Schießtraining klingt viel aufregender als die Ballerspiele auf seinem Rechner. Um der schlechten Stimmung Herr zu werden, rufe ich ein paar Waffengeschäfte an. Irgendwann sagt eine kehlige Stimme: »Kommt einfach vorbei!«

Am Manchester Boulevard, zwischen einem Pornoladen und einer Autowaschstraße, steht ein unscheinbares Gebäude mit dem Firmenlogo »Lax Firing Range«. Hier muss es sein.

Neben der vergitterten Tür drücke ich auf die Klingel, worauf ein Summton ertönt. Ein bärtiger Mann in Camouflagehose steht im Eingang und heißt uns mit einem Nicken willkommen. Der fensterlose Verkaufsraum ist gefüllt mit Waffen für jeden Geschmack. Messer, Harpunen, Morgensterne, Pistole, Maschinen- und Sturmgewehre. Einige Opfer dieser Mordinstrumente sind auch ausgestellt. An den Wänden hängen ausgestopfte Jagdtrophäen.

»Wir haben eben angerufen und hätten gern ein Schießtraining«, sage ich. »Erst einmal ausfüllen«, entgegnet der tätowierte Mitarbeiter und schiebt ein Klemmbrett mit einem Stapel Formularen über den Tresen, wobei er sich Mühe gibt, möglichst böse dreinzuschauen. Etwa 30 Unterschriften später fragt er: »Welche Waffe wollt ihr?« »Die da«, antworte ich fachmännisch und zeige auf irgendeine Pistole an der Wand. Er legt die Knarre in eine rote Plastikschale und will wissen, wie viel Schuss es sein sollen. »Was ist denn üblich?«, frage ich. Daraufhin packt er ein Paket mit 100 Patronen und für jeden einen Gehörschutz dazu und brummt: »Bahn eins.« Dabei zeigt er mit dem Daumen auf eine Tür hinter sich. »Wo ist denn der Trainer?«, wollen wir wissen. »Den braucht ihr hier nicht«, meint er und legt noch Zielscheiben drauf. »Einfach zielen und abdrücken.« Jetzt grinst er das erste Mal.

Direkt hinter der Tür befindet sich der Schießstand. Pulverdampf hängt in der Luft. Ohne Gehörschutz wäre der Krach nicht auszuhalten. Es gibt dreizehn Bahnen, unsere befindet sich am Ende des Ganges. Neben uns feuern ein paar Asiaten mit einem riesigen Schießprügel auf eine Scheibe, auf der Osama bin Laden zu sehen ist. Die Druckwelle geht durch Mark und Bein.

»Gut, dass wir nur eine kleine Knarre haben«, schreie ich in Tims Richtung, doch der kann kein Wort verstehen, weil auf Bahn vier eine Pumpgun brüllt. Kerstin fühlt sich sichtlich unwohl zwischen den Waffennarren und unserem Sohn, der jetzt eine geladene Halbautomatik, Browning 9 Millimeter, in der Hand hält.

»Pistole in beide Hände nehmen, zielen und schießen, dann wieder hinlegen«, sage ich nervös. Tim zielt und drückt den Abzug. BAM, BAM, BAM...

So einfach geht das in Amerika.

»L. A. ist die einsamste und brutalste Stadt der Welt.«

Jack Kerouac

Lincoln Boulevard in Santa Monica. Hier endet die Route 66. Die Kultstraße war die erste durchgehend befestigte Verbindung von Chicago nach Los Angeles.

MPG
CarRental
SANDLER JAMES ROCK SPADE
grown ups
RentaCarInLosAngeles
HAND CAR WASH
DO NOT BLOCK

Tour 4, 2014

Im nächsten Jahr kommt es in Los Angeles zu den ersten Ausfällen. Die beiden Fat Boys wollen nicht wieder aus dem Winterschlaf erwachen. Beim Starten ist nur dieses traurige Klackern der Anlasser zu hören. Anschieben bringt überhaupt nichts. Eine 1600-Kubikzentimeter-Kiste kriegst du nicht so leicht in Gang. Selbst mit einem Abschleppseil an einem Golfcart versuchen wir es – keine Chance. Kaum ist ein Gang eingelegt, blockiert das Hinterrad. Auch mit Starthilfe von einem Pick-up ist nichts zu machen. Vom Storage-Büro ruft Peter die AAA an, doch der amerikanische ADAC ist nicht sehr hilfsbereit. »Wir sind nur für Autos zuständig«, heißt es.

Das Space Saver Self Storage liegt in East Los Angeles, einer üblen Gegend, die von Latinogangs kontrolliert wird. »Da habt ihr euch ja eine üble Ecke ausgesucht«, sagt Peters Ex-Frau Steffi. In der Nachbarschaft gibt es einige Werkstätten. Eine neue Batterie zu kaufen, ist daher kein Problem.

Als alle Bikes erwacht sind, lassen wir die Motoren warmlaufen. Routiniert befestigt jeder seine Tasche mit Spanngurten auf dem Heckfender. Es kann wieder losgehen. Hit the road, Jack!

Wie im letzten Jahr geht es durch das dunstige, warme, endlos anonyme Los Angeles, in dasselbe Motel wie im Vorjahr. In einem Sushi-Laden auf dem angesagten Abbot Kinney Boulevard in Venice treffen wir Steffi und Kevin. Und um 22 Uhr fallen wir ins Bett.

Strand für Milliardäre

Peter und ich machen uns am nächsten Tag früh auf, um unseren Exchef, den Verleger M. zu besuchen, der seinen Hauptwohnsitz nach Los Angeles verlegt hat. Über 20 Jahre haben wir für ihn gearbeitet. Alles, was wir über das Mediengeschäft wissen, hat der Selfmade-Millionär uns beigebracht. Über die Jahre lernten wir seine guten und schlechten Seiten kennen. Mich hat er wenigstens dreimal rausgeworfen und wieder eingestellt.

M. wohnt in einem Strandhaus am Carbon Beach in Malibu, der auch Billionaires Beach genannt wird.

Oben: Hat sich die Batterie komplett entladen, hilft es auch nichts zu überbrücken.

Rechts: Huntington Beach. Die Geschichte des kalifornischen Surfens reicht bis in die 1920er-Jahre zurück. Hawaiianer, die als Lifeguides arbeiteten, brachten das Wellenreiten an die Goldküste.

In dem kleinen Vorort gibt es weniger Prachtvillen als in den Nobelvierteln Bel Air oder Beverly Hills, dennoch zahlt man viele Millionen für ein Holzhaus am Pazifik. Lage, Lage, Lage. M.s Nachbarn sind Sting, Angelina Jolie, Jennifer Aniston und der Internet-Milliardär Larry Ellison. Der CEO von Oracle wohnt direkt nebenan und kauft alle Häuser auf, die er bekommen kann – mittlerweile sollen es zehn sein.

Als wir im Bikeroutfit vor M.s Haus parken, schreiten Ellisons Bodyguards auf uns zu und wollen wissen, was wir hier zu schaffen haben. Die beiden Stiernacken tragen Anzüge und Brillen, wie die »Men in Black« – sicher kein Spaß bei dieser Hitze.

M. will uns den Golf- und Country-Club Sherwood Country Club in den Santa Monica Mountains zeigen. Er ist so ziemlich das Elitärste, was Los Angeles zu bieten hat. Aufnahmegebühr: 160 000 Dollar. Auf der Mitgliederliste stehen nur 375 Personen, darunter einige Hollywood-Rentner wie Sean Connery, Mel Gibson und Jack Nicholson. Tiger Woods veranstaltet hier jeden Dezember seine World Challenge. Nur Mitglieder und deren Gäste dürfen auf diesem Golfplatz spielen.

Nachdem uns ein Caddie zugewiesen wurde, geht es auf den heiligen Rasen – natürlich mit einem Golfcart, denn hier geht niemand zu Fuß. Wie im Berufsleben zeigt M. uns auch auf dem Golfplatz, wo der Hammer hängt. Wir verlieren haushoch und haben keine Chance. Am Ende frage ich ihn, wie viel Trinkgeld der Caddie hier üblicherweise bekommt. »Gib ihm 250 Dollar«, sagt M.

Am Nachmittag brechen wir in Richtung San Diego auf. Detlef, Tom und Tommy sind schon vorgefahren. Gegen den Jetlag hat M. uns den Energydrink »5-Hours Energy« empfohlen. »Gibts an jeder Tankstelle und hält wirklich wach«, verspricht er und hat recht. Als wir den Freeway an der Küste erreichen, taucht die Sonne gerade in den Pazifik. Von Müdigkeit keine Spur! In den USA gibt es keine Höchstgrenze für die Koffeinmenge bei Energizern. Die Dosis von »5-Hours Energy« ist so hoch, dass es bereits Todesfälle gegeben hat. Für Peter und mich ist das aber kein Problem, da wir Kaffeejunkies sind.

MEXIKO

Wer sich auf travelriskmap.com Mexiko anschaut, bekommt es mit der Angst zu tun. Klickt man den »Security«-Button, färben sich große Teile des Landes rot, als wäre es ein blutiges Taschentuch. Rot steht für ein hohes Sicherheitsrisiko.

Beim Joggen am nächsten Morgen laufe ich beim ersten Licht über den Strand von Encinitas. Surfer sitzen schon auf ihren Boards und warten auf eine günstige Welle. Eigentlich ist dieses Städtchen viel netter als das überteuerte Malibu. Solana Beach, Del Mar, La Jolla. Auch das sind nette kleine Orte mit hübschen Promenaden, Boutiquen und Cafés. Es gibt schlechtere Ecken auf der Welt.

Kartelle, Koks und Kriminelle

Grenze Nummer drei. Wir rechnen mit mehreren Stunden Wartezeit, doch die US-Behörden kontrollieren in diese Richtung überhaupt nicht. Bei der

Einreise machen sie häufig ein Gewese ohnegleichen, wer aus ihrem Land ausreist, interessiert nicht. Auch die Mexikaner sind erstaunlich locker. Mit der Förmlichkeit eines Leichenbestatters drücken sie ein paar Mal auf unseren Gepäcksäcken herum und machen dann diese kleine lässige Handbewegung, die weiterfahren besagt. Keine Fahrzeugpapiere, kein Pass, keine Versicherung – nichts. Entspannt fahren wir weiter. Ein großer Fehler, wie sich später herausstellen wird. Merke: Wenn du über eine Grenze fährst, solltest du dir unbedingt Stempel und Papiere für dich und dein Fahrzeug besorgen. Sonst bist du ein Illegaler – und es gibt später richtig Ärger.

Im letzten Monat hat das Auswärtige Amt seinen Sicherheitshinweis für Mexiko verschärft. Die Behörde rät »von derzeit nicht unbedingt erforderlichen Reisen nach Mexiko dringend ab«. Weiter ist dort zu lesen, dass Kartelle und Banden sich bewaffnete Auseinandersetzungen mit staatlichen Sicherheitskräften liefern. Ich fange an zu recherchieren und stoße auf Artikel, die Angst machen. Die Tötungsrate ist besorgniserregend gestiegen, Drogengangs hängen ihre Opfer als Warnung an Autobahnbrücken, Studenten und Kinder sterben bei Gewaltexzessen, Touristen werden entführt … und so geht es immer weiter. Mord und Totschlag beherrschen die Schlagzeilen. Laut der mexikanischen Organisation »Bürgerrat für öffentliche Sicherheit und Strafjustiz« liegen zehn der 50 gewalttätigsten Städte der Welt in Mexiko. Oh je. Mir kommen erste Zweifel, ob diese Reise nicht töricht ist. Einige Freunde sehen das ähnlich und sagen: »Na, dann mal viel Spaß!« Was solls, denke ich. Wer will schon ewig leben?

Unser Plan sieht Folgendes vor: Größere Städte möglichst meiden und wenn, dann nur am Vormittag durchqueren. In der Hoffnung, dass die bösen Buben dann noch schlafen. Einfach unauffällig durchrutschen. Auf dem Land geht es erfahrungsgemäß netter und ruhiger zu.

Aber nicht nur meuchelnde Mexikaner sind unser Problem. Seit wir die USA verlassen haben, schützt uns keine Versicherung mehr. Keine Haftpflicht, keine Vollkasko hilft im Fall der Fälle. Bei unseren Recherchen haben wir keine internationale oder nationale Assekuranz gefunden, die uns zur Seite stehen wollte. Angaben zu Anbietern im Internet waren veraltet, und der einzige Versicherungsmakler, der auf unsere Anfrage antwortete, rief Mondpreise auf. Ob wir im Ernstfall bei ihm einen Schutz gehabt hätten, bleibt zu bezweifeln. In den USA war das kein Problem. »Progressive« etwa bietet für 200 US-Dollar im Jahr eine Vollkasko an.

Für uns heißt es ab jetzt besonders vorsichtig fahren und für die anderen mitdenken. Toi, toi, toi.

Kulturschock Tijuana

Jetzt sind wir im Territorium des Tijuana-Kartells, eines der sieben Einflussgebiete der mexikanischen Drogenmafia. Geführt wird die Organisation von einer Frau: Enedina Arellano Félix. Den Chefposten hat »La Jefa« (Die Chefin) von ihren sechs Brüdern übernommen, die heute entweder tot sind oder im Gefängnis sitzen.

Tijuana ist ein Kulturschock. Es gibt kaum eine Stadt, die sich so deutlich von ihrem Gegenüber unterscheidet. Auf der einen Seite das wohlhabende, gepflegte San Diego und auf der anderen Seite diese abgerockte Grenzstadt. Hier gibt es vor allem dreierlei Dinge: Alkohol, Drogen und Sex – am liebsten gegen US-Dollar.

Böse Zungen behaupten, die gesamte Halbinsel südlich von Tijuana, kurz Baja genannt, sei bereits der 51. US-Staat. Schon in den 1920er-Jahren, zu Zei-

Rechts: Halb Autowerkstatt, halb Krämerladen. In dieser menschenleeren Gegend versuchen die Menschen, jedes Geschäft mitzunehmen.

Links: Im Nordwesten von Mexiko fällt nur halb so viel Niederschlag wie im amerikanischen Death Valley. Perfektes Klima für 120 Kakteenarten.

Oben: Bei idealen Bedingungen kann der Saguaro-Kaktus über 200 Jahre alt werden. Mit fingerlangen Dornen und seinem Riesenwuchs ist er nichts für die Fensterbank.

Links: Die Tankstelle in Cataviña besteht aus sechs Kanistern, einem Trichter und einem freundlichen Tankwart (rechts).

ten der Prohibition in den USA, fuhren viele reiche Amerikaner in den Nachbarstaat, um sich dem Alkohol und anderen Sünden hinzugeben. Und so entwickelte sich Tijuana zum Disney World für Erwachsene. Dieser Tage strömen vor allem Studenten über die Grenze – aus fast den gleichen Gründen. In den USA darf man erst mit 21 Jahren Alkohol trinken, in Mexiko schon mit 18.

Der Morgen ist ungemütlich und vom Pazifik ziehen nasskalte Nebelschwaden herüber. Richtung Playas de Tijuana sieht es wenig einladend aus. An eine Bauruine am Strand hatte jemand »fuck the police« gesprüht. Die Straßen sind typisch für ein Schwellenland. Buden, eingeschossige bunte Häuser, billige Geschäfte, rostige Lkws, hektisches Hupen, streunende Hunde. Alles ein bisschen heruntergekommen. Ab jetzt parken wir die Motorräder hinter den Hotels.

Kakteen

Die Carretera Transpeninsular ist die einzig annehmbare Straße, die von Tijuana durch das Zentral-Baja führt. Zwischen den pulsierenden Touristenzentren im Norden und Süden der Halbinsel liegen beinahe 1000 Kilometer durch dünn besiedelte Einöde, überwiegend Wüste und felsiges Bergland mit spärlicher Vegetation. Entlang dieser Landstraße gibt es nur in den allernötigsten Abständen Tankstellen, aber dafür umso mehr Staub, dorniges Gebüsch und Kakteen in allen Größen und Formen. 120 Arten wachsen hier, etwa die Hälfte davon sind endemisch.

Der mächtige Cardón-Kaktus ist besonders auffällig und zugleich ein Symbol für diese Gegend. Er ist der größte der Welt, kann bis zu 19 Meter hoch und 500 Jahre alt werden und Tonnen von Wasser speichern. In seiner Nachbarschaft ist oft der Cirio zu finden, wohl die kurioseste Pflanze der mexikanischen Wüste: ein kaktusähnlicher Baum, der aussieht wie eine überdimensionale Karotte.

Cataviña verfügt über zwei Hotels und eine verlassene Bahnstation. Eine Tankstelle gibt es nicht – zumindest keine im herkömmlichen Sinne. Der Mann, der sich um das Benzin kümmert, ist aus

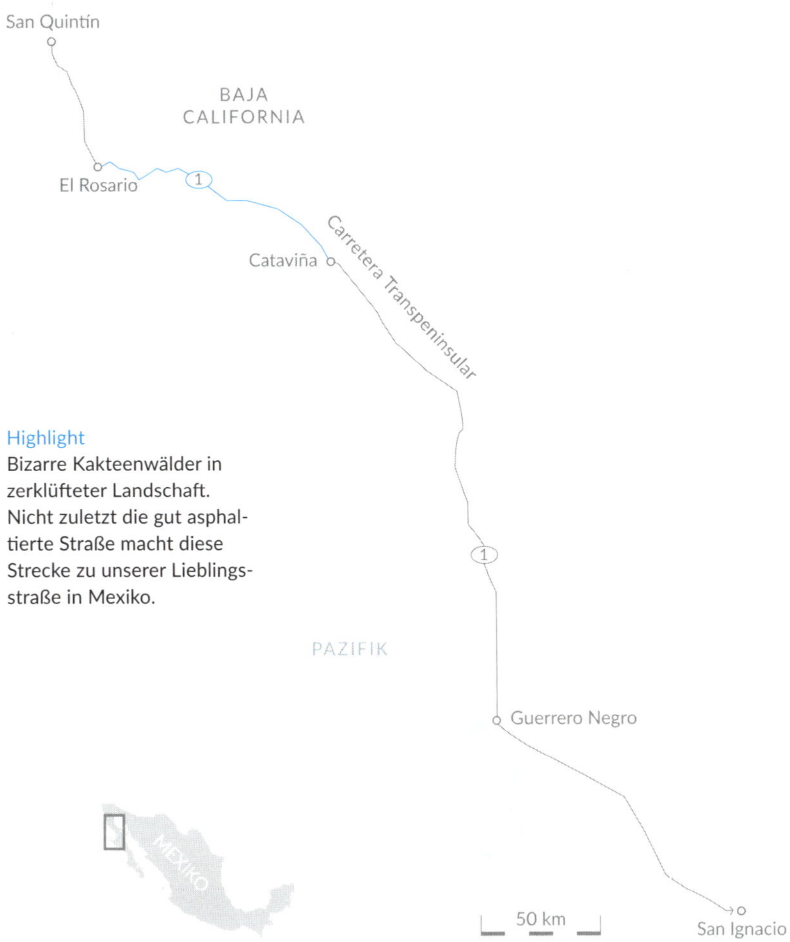

Highlight
Bizarre Kakteenwälder in zerklüfteter Landschaft. Nicht zuletzt die gut asphaltierte Straße macht diese Strecke zu unserer Lieblingsstraße in Mexiko.

Vaqueros in Mexiko sind das, was man in den USA Cowboys nennt. Seit über 200 Jahren werden sie als begnadete Reiter verehrt.

El Rosario gekommen, zwei Stunden nördlich von hier. Dort hatte er in der Früh ein paar Kanister befüllt und ist mit seinem alten Pick-up hierhergefahren. Neben einem Schild am Straßenrand, auf dem »GAS« steht, hat er die Behälter feinsäuberlich in einer Reihe aufgestellt. Das ist Cataviñas Tankstelle.

Am Abend schlendern wir durch diese faszinierende Landschaft. Riesige Granitblöcke, dazwischen ausgedehnte Kakteenansammlungen wie in einem Western. Regenjacken müssen wir nicht mitnehmen. Die Zentralwüste gehört zu den niederschlagsärmsten Regionen der Welt.

Die letzten Cowboys

Am Straßenrand stehen gesattelte Pferde mit hängenden Köpfen. Zu grasen gibt es hier nichts. Die Reiter rauchen unweit im Schatten eines Felsens und schauen misstrauisch herüber. Sie tragen Cowboyhüte, ihre Kleidung ist staubig, ihre Haut dunkel und gegerbt. Als wir uns den Männern nähern, heben die Tiere ihre Köpfe und werden unruhig. Wie ein kleines Hündchen im Stadtpark funktionieren unsere Harleys perfekt als Eisbrecher. Jeder will wissen, woher wir kommen und wohin es gehen soll – so auch hier. Der kleinste von ihnen nimmt seinen Hut ab und stellt sich vor. Dann erzählt er, dass sie Californios seien, Nachkommen der spanischen Vaqueros. Als eine Pause entsteht, nimmt er einen kräftigen Schluck aus der Flasche, die ihm sein Compañero gereicht hat.

Im 16. Jahrhundert ließen spanische Rinderzüchter ihre Herden nach Mexiko treiben. Dafür brauchten sie Cowboys. Fündig wurden sie bei den Missionssoldaten, die für die Franziskaner gegen die indigene Bevölkerung gekämpft hatten. Diese Männer waren unerschrocken und zudem exzellente Reiter. Ob auf Maultier-, Esel- oder Pferderücken, die heutigen Vaqueros betreiben die Viehzucht nach alter Tradition. Nur sie wissen, wo das knappe Wasser in den tiefen, rauen Canyons zu finden ist. 3000 gibt es noch von ihnen, meist in den abgelegenen Bergen von Baja California Sur. Die Familien leben weitgehend autark. Lebensmittel, Kleidung, Stiefel, Sättel, Seile werden selbst hergestellt. Auch ihre Häuser bauen sie mit ihren eigenen Händen. Kinder, die dort aufwachen, lernen früh Verantwortung als Teil des Überlebens, in diesem harten und trostlosen Land. Bis heute wachsen sie ohne Fernseher und Radio auf. Doch Satelliten-TV, Mobiltelefone und Internet dringen auch in diese isolierte Ecke der Welt. Noch ein paar Jahre und die Kultur ihrer Großväter wird verloren gehen.

»Real Mexican Tequila«, sagt der Vaquero und nimmt noch einen Schluck aus der Pulle, um damit den Staub der Wüste runterzuspülen.

Die Clowns der Meere

Die Nacht in La Paz war nur kurz. Tommy hatte Geburtstag, und es gab einen kleinen Umtrunk in unserem Hotel. Drei Stunden nach dem letzten Shot sitze ich im Halbdunkel auf einem Boot, mit einer Handvoll Tauchern und meinem Brummschädel und tuckere auf dem Golf von Kalifornien Richtung Norden. Unsere Tauchanzüge haben wir bereits im Dive in La Paz angezogen, einem Tauchladen, unweit der Strandpromenade. Mein geliehener Neopren ist viel zu groß und muffelt nach nassen Turnschuhen.

Als die Sonne aufgeht, fliegen auf der Steuerbordseite Rochen über den Wellen. Es scheint, als wollten sie die See verlassen und zu Vögeln werden. Sind die Knorpelfische aus dem Wasser geschossen, gibt es eine kleine Segelphase und nach zwei bis drei Flügelschlägen krachen sie wieder in die Fluten. Ich frage unseren Bootsführer Miguel, warum sie das tun. »Keiner weiß, weshalb«, brüllt er gegen den lärmenden Motor an. »Eine Theorie besagt, dass sie mit ihrem Geplatsche Schwärme von Garnelen aufschrecken und diese so in die Mäuler ihrer Kollegen treiben, die in der Tiefe warten.« Er schmunzelt: »Vielleicht wären sie aber auch gern Delfine.«

Nach etwa zwei Stunden Fahrt wachsen rostrote Felsen fast senkrecht aus dem blauen Meer. Die Isla Los Islotes liegt vor uns, Heimat für Pelikane, Möwen und Millionen von Mücken. Aus der Ferne scheint es, als würde Schnee auf den Klippen der Insel liegen. Miguel meint nur, das ist Vogelkacke.

Links: Weiter im Süden werden über die faulen Einwohner von San Ignacio Witze gemacht.

Unten: Peter ist verliebt in Clareta, doch die hat nur Augen für seine Fat Boy.

»Armes Mexiko: So weit entfernt von Gott und so dicht bei der USA.«

Porfirio Diaz

Auf den unteren Felsterrassen sonnen sich zahlreiche Kalifornische Seelöwen und beäugen unser Näherkommen. Miguel wirft den Anker aus und stellt den Motor ab. Endlich Ruhe!

»Zehn Bullen teilen sich diese Inseln«, doziert Miguel und macht eine ausladende Armbewegung. »Jedes Männchen hat seinen Harem und wacht im Schnitt über ein Dutzend erwachsener Weibchen. Kommt ein Rivale einer seiner Ladys zu nah, wird er stinksauer und es gibt einen Kampf. Da die Seelöwen fast eine halbe Tonne wiegen können, gehts dann heftig zur Sache.« Wir sind wegen der Weibchen hergekommen, die deutlich kleiner sind. Deren Größe und Gewicht entsprechen denen eines erwachsenen Manns. Führen in einem Zirkus Seelöwen Kunststücke auf, handelt es sich meistens um diese Art. Sie sind freundlich, leicht zähmbar und verspielt.

Mittlerweile steht die Sonne deutlich höher. Ohne Fahrtwind ist es unter dem Persenningdach heiß wie in einem Backofen. Neben mir auf der Holzbank sitzt Cathy aus England. Sie trägt einen schicken Camaro-Tauchanzug und tippt auf den Computer an ihrem Handgelenk. Ihr scheint die Hitze nichts auszumachen. Sie zieht eine Neoprenhaube über den Kopf und stopft ihre blonden Locken darunter. Während ich noch darüber nachdenke, warum man bei diesen Temperaturen eine Haube braucht, kramt sie ein Logbuch aus ihrem Plastikbeutel und macht ein paar Notizen. Weiteres Equipment taucht aus den Tiefen ihrer Tasche auf: ein Messer, groß wie eine Machete, und eine Unterwasserkamera mit einem Riesenblitz. Zuletzt eine dieser Schreibtafeln, um wichtige Dinge zu notieren. Während ich mir vorstelle, wie sie in 100 Metern Tiefe ein undichtes Bohrloch abdichtet, ruft Miguel: »Es ist so weit.«

Wir springen in die Fluten, und es dauert nur wenige Momente, bis die ersten Seelöwen angeschossen kommen, erst etwas scheu, dann verspielt wie junge Hunde. »Hab keine Angst vor ihren Bissen«, hat Cathy mir mit auf den Weg gegeben. Wer die Hand ausstreckt und die »Clowns der Meere« berührt, wird zärtlich gebissen. Die spitzen Zähne sind allerdings nicht ohne. Egal, was sind ein paar blaue Flecken ge-

RESTAURANT CRUCERO del PACIFICO
RESTAURANT
Crucero
DEL
PACIFICO

»Was zur Hölle ist falsch an Freiheit?«, fragt Dennis Hopper in »Easy Rider« Jack Nicholson und antwortet im gleichen Atemzug: »Darum geht es doch.«

gen so einen Spaß? Ihr Fell fühlt sich an wie das eines Dobermanns, darunter spürt man die Muskeln. »Hört man die Bullen unter Wasser brüllen, ist man definitiv zu nahe am Geschehen«, hat Cathy noch gewarnt. »Besser, du ziehst dich dann zurück.«

Oben: Im Juli 2003 lief in Mexiko der letzte weltweit gebaute »Käfer« vom Band. Dieses Modell ist eines der 21 529 464 Exemplare.

Rechts: Vor La Paz liegen die kleinen Inseln Los Islotes. Dort warten verspielte Seelöwen.

Illegal in Mexiko

Baja California ist eine Halbinsel. Um aufs mexikanische Festland zu kommen, soll es drei Fährlinien geben. Eine von Santa Rosalia, auf halber Höhe der Baja und zwei von La Paz, im Süden. Leider stand bis zum Beginn der Reise nicht fest, welche der Schiffe wirklich fahren. Die Websites sind unübersichtlich und die Mails zweideutig. Zwei Straßen hinter unserem Hotel in La Paz gibt es ein Office der Fährlinie TMC, wo es tatsächlich Tickets für die Überfahrt nach Mazatlán gibt – immerhin, diese Verbindung funktioniert noch. Um sicherzugehen, ob alles seine Ordnung hat, fahren wir in den Hafen. Dort wartet die erste Hiobsbotschaft des Tages: »Sie haben keinen Einreisestempel in Ihrem Pass. Wer nicht im Land ist, kann auch nicht ausreisen.« Die Dame in dem Zollhäuschen fährt fort: »Die Fähre verlässt das mexikanische Hoheitsgebiet, wenn sie außerhalb der Dreimeilenzone über den Golf von Kalifornien schippert. Das heißt, einmal aus- und wieder einreisen.«

Im Instituto Nacional de Migracion, einem kleinen Büro im Stadtzentrum von La Paz, wird bestätigt, dass wir Illegale sind. »Sie müssen zurück nach Tijuana und sich dort einen Stempel besorgen«, sagt der Beamte trocken. Hin und zurück sind das 3000 Kilometer. Jetzt rächt sich die schnelle Einreise nach Mexiko. Es ist Samstag und der Zöllner der einzige Mitarbeiter im Büro. »Kommen Sie am Montag wieder«, sagt er und drängt uns zu gehen. Mit versteckten Botschaften versuchen wir, ihm klarzumachen, dass wir eine Strafe zahlen würden, fragen, ob es einen Weg der Beschleunigung gibt oder sonst eine Möglichkeit. Keine Reaktion. Im Internet sollen wir rückwirkend unsere Einreise anmelden, dann zu einer Bank gehen und eine Bearbeitungsgebühr bezahlen. Immerhin, keine Fahrt zurück zur Grenze.

Die freundlichen Damen bei TMC buchen unsere Fährtickets von Samstag auf Montag um. Außerdem sind sie so nett, uns einen Rechner mit Internetzugang und Drucker zur Verfügung zu stellen.

Zwei Tage später sitzen wir wieder im Amt und legen die ausgefüllten Formulare und Einzahlungsbestätigungen auf den Tresen. Es ist Viertel vor zwei, um zwei sollen wir im Hafen sein, und um vier soll die Fähre ablegen. Die nächste fährt erst wieder in ein paar Tagen.

Jetzt folgt ein »Interview« mit dem Stationschef. Ohne Formulare geht auch hier nichts. Wie in einem schlechten Krimi sucht der junge Assistent jeden Buchstaben auf der Tastatur, während der Chef die Fragen stellt. Plötzlich wird es unruhig in der Schreibstube. Alles steht auf und verschwindet. Mittagspause! Es ist zwei Uhr!

Nach dem Essen wird weiter geschrieben, kopiert und unterschrieben. Um Viertel vor drei sitzen wir auf den Motorrädern und rasen zu der 20 Kilometer entfernten Pichilingue, dem Fährhafen von La Paz.

Dann der nächste Schreck: Das Zollamt hat schon geschlossen. Glücklicherweise wird die Mitarbeiterin noch ausfindig gemacht, sie ist gerade beim Essen. Netterweise öffnet sie noch einmal das Office. Als Erstes ist eine Kaution von 400 Dollar fällig. Würden wir innerhalb der nächsten 30 Tage noch einmal mit dem Fahrzeug ausreisen, würde es das Geld zurückgeben. Wenn nicht – so wie in unserem Fall – ist die Kohle futsch. Da die Kreditkartenmaschine defekt ist, dauert jede Abfertigung eine halbe Ewigkeit. Die

© Matthew T. Rader

Zahlen werden telefonisch durchgegeben und müssen überprüft werden. Das wird nichts. Auch unser leichtes Drängen hilft wenig. »Sie sind zu spät, nicht ich«, tadelt uns die junge Frau und gibt weiter die Zahlen durch – recht hat sie.

Noch sind wir nicht fertig. Jetzt werden die Motorräder gewogen. Wieder zurück ins Fährbüro. Stempel!

Um kurz vor fünf stehen wir vor der Fähre, die behäbig beladen wird. Trucks, Autos und Container mit Altmetall, Kartoffeln und Melonen. Es dauert noch eine ganze Stunde, bis der Kahn ablegt. Vier Uhr hätten wir nie geschafft. Ein Glück, dass die Abfahrtszeiten hier nur Richtwerte sind.

Später an Bord denke ich, dass es uns eigentlich nicht so schlecht ergangen ist. Zwei Tage Verzögerung waren am Ende eine gerechte Strafe für unsere Dummheit an der Grenze. Trotz unserer Ungeduld gaben sich die Beamten die größte Mühe und waren freundlich. Würde man in Deutschland einen Mexikaner ohne Einreisepapiere aufgreifen, wären die Zollbeamten vielleicht nicht so gnädig.

El Chapo. Gangster und Gönner

Detelf und ich stehen auf dem Oberdeck und schauen in die Nacht. Zu sehen sind nur die Positionslichter, die auf der schwarzen See tanzen. Die meisten Passagiere haben sich zurückgezogen und schlafen unter Deck auf erbärmlichen Sitzen. Wie auf einem Seelenverkäufer ist alles versifft, rostig und baufällig. Der Diesel wummert und neben uns jault ein kleiner schwarzer Hund, der an die Reling gebunden ist. An Schlaf ist nicht zu denken.

Auf der Fähre herrscht Alkoholverbot. Dennoch hat Ricardo ein paar Büchsen Tecate-Bier in seiner Jeansjacke versteckt. Auf sein Angebot, eins mitzutrinken, hätten wir nicht eingehen sollen. Ewig lange, lallende Monologe sind der Preis. Als er kurz abwesend ist, verkrümeln wir uns in den Bauch des Schiffs. Dort ist es aber nicht besser. Im stickigen Speiseraum schauen einige Passagiere einen Karatefilm. Der Koch hat sich dazugesellt und seine Arbeit eingestellt. Sein kulinarisches Angebot liegt noch in der Auslage, sieht aber wenig einladend aus.

Rechts: »Das ist kein Motorrad, Baby, das ist ein Chopper«, sagt Bruce Willis in »Pulp Fiction«.

Unten: Wir verlassen die Baja California mit der »San Guillermo«. Bis nach Mazatlán braucht die Fähre 16 Stunden.

Mit dem ersten Morgenlicht hellt sich auch die Stimmung auf. Neben dem Schiff schwimmen Delfine, sogar Wale sind zu sehen. Auf dem Masttopp hat es sich ein Fregattvogel bequem gemacht. Am Horizont taucht Mazatlán auf.

Über eine Rampe fahren wir an Land. Endlich wieder fester Boden unter den Füßen! Aber irgendetwas ist anders in der Stadt. Für diese Tageszeit ist es auffallend hektisch und aggressiv. Der Grund ist der Drogenboss Joaquín Guzmán, genannt »El Chapo« (der Kleine). In dem schmucklosen Hotel Miramar, im Zentrum von Mazatlán, ist er vorgestern verhaftet worden. Es gibt nur dieses eine Thema auf den Straßen. Hitzig wird diskutiert, jeder hat eine Meinung.

Guzmán hatte den größten Drogenring der Welt aufgebaut und den Handel in den USA und Europa kontrolliert. Seit 2001 war der Boss des Sinaloa-Kartells auf der Flucht und sein Kopfgeld war auf fünf Millionen Dollar angewachsen. Durch seinen Ausbruch aus einem mexikanischen Sicherheitsgefängnis ist er zu einem lebenden Mythos geworden, der die Regierung immer wieder narrte.

Im ganzen Staat Sinaloa sind mehrere Tausend Menschen für seine Freilassung auf die Straße gegangen. Wir hören, dass er nicht das Monster ist, der Tausende Tote auf dem Gewissen hat. Für viele ist er der Robin Hood von Sinaloa: Er hat Schulen und Krankenhäuser gebaut, und wenn es eine Naturkatastrophe gab, war er es, der Hilfspakete an die Bevölkerung verteilen ließ und nicht der Staat.

Tequila, alles andere ist Fusel

Der Name der Stadt ist Programm. Mexikos Nationalgetränk entsteht am Fuß des Vulkans Cerro de Tequila. Dort gibt es den fruchtbarsten Boden der Region, der den Mezcal dieser Gegend weltberühmt gemacht hat. Im Norden erstreckt sich eine ausgedehnte Hochebene mit Steppen, Bächen und malerischen Dörfern. Irgendwo hinter den Bergketten leben noch die letzten Exemplare des seltenen Berglöwen. Die Kleinstadt Tequila ist beschaulich und nett. Für Alkoholiker, die entgiften wollen, ist sie aber eine echte Herausforderung. In den Gassen gibt es mehr Spirituosengeschäfte als in einer Großstadt. Kein Wunder, durch die Einnahmen aus den Brennereien sind die Tequileros zu großem Wohlstand gekommen, und der Ort ist zu einem beliebten Ziel für Touristen geworden.

An der Plaza Principal spielt sich das Dorfleben vor der Kirche Parroquia Santiago Apostol ab. Pastellfarbene Häuser, einige Geschäfte und ein Hotel. Im Schatten der Bäume sitzen die Alten und lauschen mexikanischen Schmachtfetzen, die aus einem Kofferradio schallen.

An einem Probierstand schenkt ein Händler das dritte Mal Tequila nach und erklärt, dass wir den Schnaps nicht nur pur trinken müssen. »Es gibt ihn auch verdünnt, als Longdrink Margarita. Nehmt unbedingt den Blanco Tequila«, empfiehlt der Händler. »Aber auch gemischt mit Cola, Tomatensaft und Pampelmusenbrause. Dazu serviert man scharfe Erdnüsse und Kartoffelchips. Der Saft für Tequila darf ausschließlich aus der Blauen Weber-Agave gewonnen werden, die hier wächst. Sonst ist es einfach nur billiger Mezcal-Fusel«, sagt der Tequilero und schenkt noch einmal ein.

Links: Im Bauch der Fähre

Rechts: Tequila ist der bekannteste Mezcal und wird aus der Agave hergestellt. Bis die Pflanze blüht, vergehen mehrere Jahrzehnte. Daher wird sie auch als Jahrhundertgewächs bezeichnet.

Links: Bohnen, Reis und Eier gibt es an jeder Ecke.

Mitte: Im 17. Jahrhundert entwickelte sich Zentralmexiko zum geistlichen und wissenschaftlichen Zentrum. In dieser Zeit entstanden viele prächtige Kirchen, unter anderem die Iglesia de San José.

Rechts: In der Osterwoche sind historische Gewänder »muy popular«.

Tour 5, 2015

Von einem Fahrrad überholt zu werden, gehört für einen Motorradfahrer zu den größten Demütigungen überhaupt. Kein Kunststück für die Radler, denn für uns geht es nur im Schneckentempo über die Dörfer. Hinter jeder Kurve lauern Pferdekarren, Traktoren, Baustellen und Bremsschwellen, die man leicht übersieht. Wer bei diesen »liegenden Polizisten« das Gas zu spät wegnimmt, knallt mit dem Motorradrahmen auf die Schwelle und macht einen Riesensatz durch die Luft. Und da sind sie dann wieder, die Fahrradfahrer, die frech an uns vorbeiziehen.

Nur zwölf Tage und wir müssen in Costa Rica sein. Vielleicht haben wir uns etwas zu viel vorgenommen. Vier Länder, 100 Ortschaften und fünf Grenzen liegen dazwischen. In diesem Tempo wird es ewig dauern. Also ab auf die Schnellstraße! Eigentlich hatten wir uns vorgenommen, Autobahnen zu meiden. Sie bieten kaum Fahrspaß und man sieht nur wenig. Einen Vorteil gibt es aber: Man macht Strecke.

Detlef zahlt am Kassenhäuschen unsere Mautgebühr. Hinter der Schranke heißt es dann Gas geben und die Kisten können wieder im sechsten Gang touren. Wehmütig donnern wir zwar an Land und Leuten vorbei, aber 3000 Kilometer in weniger als zwei Wochen sind nur so zu schaffen.

Zügig erreichen wir Morelia. Als wir in das Gravitationsfeld der Stadt eintauchen, wirkt sie noch austauschbar. Doch je weiter es ins Zentrum geht, desto attraktiver wird sie. Hier gibt es über 1000 historische Monumente und eine Altstadt, die zum Weltkulturerbe gehört. Morelia zeigt, dass Mexiko nicht nur Tequila und Mariachi zu bieten hat. Mit 35 weltbedeutenden Stätten steht Mexiko auf Platz sieben der Liste der UNESCO, noch vor Großbritannien, Russland und den USA.

Da unsere innere Uhr noch verstellt ist, verlassen wir Morelia vor Sonnenaufgang. Die Stadt schläft noch, die Straßen sind menschenleer. Beim Queren einer Bahnschiene nimmt Tommy einen zu spitzen Winkel, kommt ins Rutschen und stürzt. Ein Pick-up, der dicht hinter ihm fährt, bremst sofort – Glück gehabt! Außer ein paar Schrammen ist nichts passiert.

Oben: Piñata in Morelia. Es ist ein großer Spaß, wenn die Kinder singen: »dale, dale, dale« (schlag sie . . .)

Unten: Nichts für Veganer

Rechts: »Berg des Sterns« wird der Citlaltépetl (Bildmitte), von den Nachfahren der Azteken genannt. Nach jahrhundertelanger Ruhe spuckte der Vulkan im Jahr 2010 wieder Fumarolen aus.

Die Mutter des Chaos

Vor einigen Jahren fuhren wir fünf mit Motorrädern durch Neu-Delhi Richtung Rajasthan. Um einmal durch die 20-Millionen-Metropole zu kommen, brauchten wir fast zwei Tage und waren um Jahre gealtert. Linksverkehr, die Schaltung der Royal Enfields auf der rechten Seite, die auch noch andersherum funktioniert. Dazu Verkehrschaos, Lärm und Stress. Google Maps war noch nicht erfunden, und die Straßenschilder waren in Hindi oder Urdu. Daher fragten wir Passanten nach dem Weg. Immer gab es eine Antwort. Ob richtig oder falsch, spielte keine Rolle, bloß nicht zugeben, dass man den Weg nicht kennt. (Erst später haben wir gelernt, Frauen zu fragen, die gaben eine ehrliche Auskunft.) Am Ende haben wir uns einfach nach der Sonne gerichtet und uns geschworen, nie wieder mit einem Bike durch so einen Moloch zu fahren.

Neben Neu-Delhi gehört auch Mexiko-Stadt zu den Hauptstädten des Staus. Pendler brauchen dort ewig für ihren Arbeitsweg. Die Chilangos, so werden die Bewohner von Mexiko-Stadt genannt, lassen sich davon aber nicht aus der Ruhe bringen. Sie nutzen die Staus zum Telefonieren, und wenn es weitergeht, nehmen sie es mit den Verkehrsregeln nicht so genau. Bis jetzt konnte sich jeder ans Lenkrad setzen, dessen Füße bis an die Pedalen reichen. Unglaublich, aber wahr: In einer der verkehrsreichsten Städte der Welt gibt es keine Führerscheinprüfungen. Man geht einfach zum Amt und kauft sich für ein paar Pesos die Fahrerlaubnis. Erst in diesem Winter soll eine Prüfung eingeführt werden. Dieses Chaos wollen wir unbedingt vermeiden. Indien war uns eine Lehre. Daher wählen wir die nördliche Ausweichroute um die Hauptstadt und lassen die fünf Millionen Fahrzeuge, eingepfercht in einem Tal, rechts liegen.

Der Popocatépetl, was rauchender Berg bedeutet, ist von der »40« durch den Dunst zu erahnen. Sein großer Bruder, der Citlaltépetl, taucht bereits in der Ferne auf. Mit 5636 Metern ist er der höchste Vulkan Mexikos und bei guter Sicht aus über 100 Kilometern Entfernung zu sehen.

Macho, macho

In Cosamaloapan ist es auffallend still, alles scheint friedlich. Es ist noch früh und ich jogge durch die Straßen. Am Rande des Nests stoße ich auf eine Horde Jugendliche. Mit Schnapsflaschen in der Hand lümmeln sie sich auf den Stufen vor einem heruntergekommenen Haus herum. Es ist Sonntag und die Truppe hat offensichtlich eine durchgezechte Nacht hinter sich, denn es wird gegackert und gegrölt.

VENTA DE ACEITES
QUAKER STATE
BANDAS
FILTROS ETC.
TAQUERIA y AUTO SERVICIO
24 HRS.
LTH
Tia Rosa
130
VEHICULO EN ARRENDAMIENTO

Einer der Halbwüchsigen erhebt sich wankend und baut sich vor mir auf. Kinn nach oben, Brust raus – Machopose! Den Mädels scheint es zu gefallen, denn das Gejohle wird lauter. Außer meinen Joggingklamotten habe ich nichts bei mir, zu holen gibt es nichts. Vielleicht ist das mein Glück, denn das Gehabe lässt schnell nach. Auch die Chicas wirken jetzt gelangweilt, sie haben ihren Spaß gehabt. Grund genug für den Poser, mir lächelnd auf die Schulter zu klopfen und noch etwas Unverständliches zuzulallen. Der Gringo darf weiterjoggen.

Papiertiger

Als der Schriftsteller Stefan Zweig vor dem Ersten Weltkrieg nach Indien oder Amerika reiste, besaß er keinen Pass. Es gab keine Permits, kein Visum, keine Belästigungen von Zollbeamten oder Polizisten. Das pathologische Misstrauen aller gegen alle war noch nicht erfunden. Erst zwischen den Weltkriegen begann die Fremdenangst. »All die Erniedrigungen, die man früher ausschließlich für Verbrecher erfunden hatte, wurden jetzt vor und während der Reise jedem Reisenden auferlegt«, schreibt Stefan Zweig in seinen Memoiren, die 1942 erschienen.

Heute hat man sich an einiges gewöhnt, wenn man in ferne Länder reist. Wer mit seinem eigenen Fahrzeug Lateinamerika durchquert, braucht allerdings Nerven aus Stahl, denn an den Grenzen müssen Unmengen an Dokumenten ausgefüllt, kopiert und abgestempelt werden. Es gibt kein Entrinnen. Der Papierstapel wächst zu einem gigantischen Berg, für den ein ganzer Wald sterben musste.

Je weiter es in den Süden geht, desto mehr Kopien sind anzufertigen: Pass, Führerschein, Fahrzeugschein, Fahrzeugbrief, Versicherungen, Ein- und Ausreisestempel, Zollpapiere – alles in doppelter Ausführung. Fehlt einer dieser Durchschläge, erntet man ein stoisches Kopfschütteln des Grenzbeamten. Mit strenger Miene zeigt er auf das Ende einer Schlange mit Wartenden, wo es sich wieder brav anzustellen gilt, um weitere Kopien zu machen.

Ohne eigenes Gefährt gibt es keine Probleme. Ein gültiger Pass und die Formalitäten sind schnell erledigt. Mit unseren Motorrädern sieht die Sache anders aus. Fahrzeug- und Passnummern werden akribisch in Listen eingetragen und immer wieder überprüft, um dann für ewige Zeiten in Aktenordnern zu verschwinden. Eine Heerschar von Abstemplern, Abheftern und Unterschreibern sind Stunden mit unseren Zahlenkolonnen beschäftigt. Wer sich ungeduldig zeigt, wird bestraft und muss noch länger warten.

Es ist keine 30 Jahre her, als man nur mit einer Dollarnote wedeln musste – und schon waren die Probleme aus der Welt. Doch diese Zeiten sind vorbei.

Die kleine Grenze zwischen Mexiko und Guatemala ist ein Paradebeispiel dieser Zellulosefolter. Es ist gegen zehn Uhr morgens und bereits brüllend heiß. Vor der Ausreisebaracke warten nur wenige Fahrzeuge, denn es ist Semana Santa, die heilige Osterwoche, die hier ausgiebig gefeiert wird.

Unsere Motorräder standen länger als ein Jahr im Winterlager und sind Steuersünder. Nur drei Monate sind erlaubt, daher fürchten wir bei der Ausreise das Schlimmste. Wir sehen uns mit kahl geschorenen Köpfen weggesperrt, in einem dunklen Verlies, bei Wasser und Tortilla.

Links: So schnell kann es gehen. Kaum ein paar Tage in der Hitze, schon wachsen uns Cowboyhüte.

Rechts: Olmeken, Teotihuacán, Maya, Zapoteken, Azteken. In Mittelamerika gibt es zahlreiche Hochkulturen und indigene Völker.

GUATEMALA

Mystische Maya-Ruine, farbenfrohe Märkte und beeindruckende Landschaften. Guatemala ist der bevölkerungsreichste Staat in Zentralamerika.

Oben: Wilde Ananas mit Wurzeln, die über vier Meter lang werden können.

Unten: Abseits der Straße erzeugt das Grün ein mulmiges Gefühl. Es gibt eine Vielzahl an Giftschlangen, darunter Lanzenottern, Palmenvipern und Klapperschlangen.

Rechts: Motels wie das Kakol Kiej sind unsere liebsten Reisebegleiter. Sie sind günstig, und die Bikes stehen direkt vor der Tür.

In einer kleinen, stickigen Baracke drängen sich 20 Menschen, die das Land verlassen wollen. Wie in jeder mexikanischen Amtsstube beobachtet der Präsident Enrique Peña Nieto aus einem goldenen Rahmen das Geschehen.

»Siguiente por favor«, wir sind an der Reihe. Der grauhaarige Zöllner sieht sich unsere Papiere nur kurz an, lässt seinen Stempelhammer auf die Ausweise sausen. Keine Handschellen, kein Knast, Papierkram erledigt. Na ja, nicht ganz! Wir sind noch nicht auf der anderen Seite, in Guatemala.

In der Abfertigungshalle auf guatemaltekischem Boden ist kaum etwas los. Der gelbe Putz blättert von den Wänden, die Deckenventilatoren haben ihre Arbeit eingestellt. Ein Zettel an der Wand weist darauf hin, dass die Gebühren wegen der Osterwoche heraufgesetzt wurden.

Um jede Berührung mit dem wartenden Plebs zu vermeiden, trennt eine Glasscheibe das Büro von den Einreisewilligen. Über dem Tresen ist ein kleiner Schlitz, durch den die Papiere hin und her geschoben werden. Zwei Männer mit Cowboyhüten stehen gebeugt vor der Öffnung und erhalten ihre Dokumente zurück. Jetzt sind wir dran! Wir treten an den Spalt, aus dem angenehm kühle Luft strömt. Hinter der Scheibe steht eine junge, attraktive Grenzbeamtin und nimmt wortlos unsere Papiere entgegen. Mit strenger Miene schaut sie Zettel um Zettel durch und häuft kleine Stapel. Dann werden die Häufchen wieder zusammengeschoben und erneut sortiert – Ordnung muss sein. Vielleicht hat sie eine Osterzeremonie verpasst und ist daher nicht in bester Stimmung. Am Stress kann es nicht liegen, denn wir sind jetzt die einzigen Kunden in der riesigen Halle.

Sie prüft jede Zeile akribisch und hat einiges auszusetzen. »Ihren Title (US-Fahrzeugbrief) kann ich als Kopie nicht akzeptieren«, sagt sie zu mir. »Ich soll meinen Brief im Original dabeihaben?«, frage ich. »Das macht doch kein Mensch.« »Ihre Freunde haben aber alle das Original dabei«, entgegnet sie und ruft ihren Chef an, der wohl kein Problem damit hat. Dann gibt es Unstimmigkeiten mit Tommys Kopie der Vehicle Registration. Dieses Dokument zeigt, dass die Kiste in Alaska angemeldet ist, die muss alle zwei Jahre erneuert werden. Wieder muss der Chef bemüht werden. Und die Führerscheine. Auf dem Tresen liegen drei internationale und zwei deutsche Fahrerlaubnisse. »Die deutschen sind gefälscht, die laufen nicht ab«, empört sie sich. »Bei uns gilt der Lappen das ganze Leben«, entgegnen wir. »Sehen Sie hier«, sagt sie, wobei sie auf die Internationalen Führerscheine zeigt. »Die laufen nach drei Jahren ab.« Merke: Alle sollten die gleichen Dokumente vorlegen.

Mara Salvatrucha

Mazatenango ist von Vögeln belagert. Abertausende hocken in den Bäumen und singen, flattern und kacken die Blätter voll. Der Krach ist ohrenbetäubend, Hitchcock lässt grüßen.

Ich sitze vor unserem Hotel. Flavio, der Kellner im angrenzenden Restaurant ist, hält ein Schwätzchen mit mir. Wir sprechen über Orte mit schillernden Namen und gleichen Endungen: Quetzaltenango, Huehuetenango, Chimaltenango, Mazatenango. Und über die erdrückende Kriminalität in Guatemala und El Salvador, das noch vor uns liegt.

Außerhalb von Kriegsgebieten gilt El Salvador als eines der gefährlichsten Länder der Welt. Bis dato macht das kleine Land nur selten mit guter Presse auf sich aufmerksam, denn jeden Tag werden Menschen ermordet. Wie in Guatemala hat auch dort eine Vielzahl von Banden das Sagen, die unter dem Begriff Mara Salvatrucha zusammengefasst werden. Auf 6,3 Millionen Einwohner kommen etwa 70 000 Gangmitglieder, die jährlich über 5000 Morde begehen. Die bösen Jungs überbieten sich in Grausamkeiten, denn Grausamkeit sorgt für Respekt. Häutungen, Zerstückelungen, Vergewaltigungen während der Hinrichtung sind Normalität.

Drei große Clans kämpfen um ihre Territorien: MS 13, Barrio 18 Sureños und Barrio 18 Revolucionarios. Wer ihnen beitreten will, muss töten. Übersteht ein Anwärter die anschließenden brutalen Prügel seiner neuen Truppe, ist die Aufnahmeprüfung abgeschlossen. Jetzt darf der Neuling seinen ganzen Körper mit riesigen Erkennungszeichen tätowieren lassen.

EL SALVADOR

El Salvador ist das kleinste Land der Region. Seit dem Bürgerkrieg von 1980 bis 1991 mit 70 000 Toten träumen die Salvadorianer von Normalität.

Alles in allem kein einladendes Reiseland. Hätte man darüber nachgedacht, dass wir mit den teuren Harleys durch diese Welt der Kriminellen fahren, wäre uns vielleicht mulmig zumute gewesen. Doch Menschen sind Künstler des Verdrängens, besonders Motorradfahrer. Umso mehr freuen wir uns auf Playa San Blas, einen kleinen Surfspot südlich von San Salvador. Paul Walker soll hier irgendwo ein Haus besessen haben. Doch als wir durch die zugemüllten Straßen Richtung Zentrum fahren, ist das kaum vorstellbar. Vom überfüllten Strand wummern Partyklänge aus riesigen Boxen und Betrunkene torkeln am helllichten Tag über die Promenade – Ballermann lässt grüßen. Das Nest ist eine einzige Enttäuschung, schnell raus hier.

Kleiner Konvoi

Mit dem Ziel, San José in Costa Rica vor Augen, geht es hektisch weiter. Pausen gibt es kaum und zum Entspannen bleibt keine Zeit. Stress pur! Wie im Film »Speed« dürfen die Räder nicht stillstehen. Auch langsamer fahren ist nicht erlaubt, die Motorräder drohen sonst in die Luft zu fliegen. Immerhin sind jetzt zwei Drittel geschafft, nur noch 1000 Kilometer liegen vor uns.

Wer eine Zeit lang freie Sicht auf die Straße haben will, führt unseren kleinen Konvoi an. An der Spitze atmet man weniger Abgase ein und kann die Geschwindigkeit bestimmen. Nachteil: Man muss auf den Weg achten und ständig in den Rückspiegel schauen, ob jemand verloren gegangen ist. Besonders in den Großstädten ist das eine Bürde. Warum das dichte Zusammenbleiben der fünf Kisten nicht möglich ist, ist schwer zu sagen. Immer wieder lässt sich einer zurückfallen, schafft eine Ampelphase nicht oder fährt stoisch hinter einem Bus her.

Die Nachhut bildet meistens Detlef. Nicht, weil er der Langsamste ist, sondern weil er, wie alle in der Truppe, seine Aufgabe gefunden hat. Detlef sammelt heruntergefallenes Gepäck ein, lässt sich zurückfallen, wenn jemand anhalten muss und passt auf, dass keiner verloren geht. Mit seiner schweren Fat Boy hat er keine Probleme, den Anschluss zu halten.

HONDURAS

Das Reservat Río Plátano ist das größte Naturschutzgebiet von Honduras und gehört zu den letzten noch intakten Regenwaldgebieten Zentralamerikas. Wir haben leider nur Zeit für den Süden des Landes und werden die schlechten Straßen in Erinnerung behalten.

Oben: Die alten Geister wurden den Ureinwohnern ausgetrieben. Heute praktiziert ein Großteil der Bevölkerung den katholischen Glauben.

Links: Viele Kinder in El Salvador sind Opfer von Armut, Krieg und Naturkatastrophen.

Honduras

Auch Honduras hat sein Superlativ: San Pedro, die gefährlichste Stadt der Welt. Wenn man bedenkt, wie groß die Konkurrenz in der Nachbarschaft ist, macht das durchaus Eindruck auf uns. Ähnlich wie in El Salvador haben Kriminelle beste Berufsaussichten. Wer jemanden töten lassen will, braucht sie nur anzusprechen und ein paar Dollar zu investieren. Nervt also ein Kumpel auf der Reise oder gewinnt er zu häufig beim Kartenspiel, kann das Problem schnell aus der Welt geschafft werden.

So viel Gewalt ist Grund genug für die »Guten«, sich zu Tausenden aufzumachen, um das gelobte Land USA zu erreichen. Dort hoffen sie auf ein besseres Leben, denn schlechter als hier kann es nicht werden. Später wird Donald Trump die Phalanx der Hoffenden als Taugenichts und »shit-holes« beschimpfen und alles tun, sie nicht über die Grenze kommen zu lassen.

Wir wollen das Land auf dem kürzesten Weg, im äußersten Süden durchqueren. 130 Kilometer über schlechte Straßen, die legendär sind. Es gießt wie aus Eimern und die Straßen gleichen einem See. Einfach über eine Pfütze preschen ist ein Risiko, denn darunter kann sich ein knietiefes Loch verstecken. Es heißt, manche Löcher sind so groß, dass sich darin Panzer verstecken können. Schuld daran sind korrupte Beamte, die staatliche Straßenprojekte nicht ausführen lassen und lieber ihre eigenen Taschen füllen.

Die Helfershelfer

Mittelamerika strotzt vor Grenzen. Die Länder sind so klein, dass es Tage gibt, an denen wir zwei Übergänge meistern. Obwohl die Deutschen einen der wertvollsten Pässe der Welt haben und in 158 Staaten ohne Schwierigkeiten einreisen dürfen, ist auch der Übergang Honduras – Nicaragua eine Geduldsprobe.

Wie Fliegen umkreisen uns sogenannte Grenzhelfer und bieten ihre Dienste an. »Very fast, no problem«, sagen die jungen Männer mit ihrem aufgesetzten Lächeln. An jeder Grenze die gleichen Gesichter. Auch wenn du dich noch so sehr wehrst, schreist und zeterst, am Ende resignierst du und sie werden zu

NICARAGUA

Wer auf der panamerikanischen Hauptstraße durch Nicaragua fährt, kommt alle paar Kilometer an einem Vulkan vorbei. Sechs aktive Feuerberge zeigen während unserer Reise erhöhte Aktivität.

deinem Adjutanten. Irgendwann verschwinden sie mit deinen Papieren hinter geheimnisvollen Türen und beschleunigen die Prozedur tatsächlich ein wenig. Doch Vorsicht! Nach dem letzten Stempel, wenn du den Schlagbaum hinter dir hast, gibt es immer Geschrei. Der abgesprochene Preis konnte leider nicht gehalten werden, da unser Fall besonders schwierig war. Und so nehmen wir uns vor, beim nächsten Mal auf keinen Fall auf diese Nervensägen hereinzufallen. Aber es nützt nichts. Spätestens an der nächsten Grenze haben sie dich wieder in ihren Fängen. »Very cheap, very fast«, versteht sich.

Nicaragua. Irgendwas ist immer

In den 1980er-Jahren unternahm US-Präsident Ronald Reagan den Versuch, die linke sandinistische Regierung zu stürzen und finanzierte die Contras. Diese paramilitärischen Gruppen destabilisierten das kleine Land mit terroristischen Überfällen und führten Anschläge auf die öffentliche und wirtschaftliche Infrastruktur aus. Zehntausende von unbeteiligten Zivilisten kamen damals ums Leben, viele auf äußerst grausame Weise.

Zu jener Zeit war ich in der Hauptstadt Managua. Auf dem Platz der Revolution, stand ein Mann neben mir, der gerade seine Pistole zog. Ruhig zielte er auf einen Flüchtenden, verfolgte ihn seelenruhig mit dem Lauf und drückte ein paarmal ab. Ob er ihn getroffen hat, kann ich nicht sagen, denn ich nahm meine Beine in die Hand und versteckte mich hinter einer Kirche. Alles ging drunter und drüber. In Nicaragua tobte ein Bürgerkrieg.

Wie damals regiert der Autokrat Daniel Ortega das Land. Nach einer längeren Pause und einigen Wahlniederlagen ist er erneut zum Präsidenten gewählt worden. Gerade versucht er, eine Verfassungsänderung durchzuboxen, die seine unbegrenzte Wiederwahl ermöglichen würde. Seine Partei FSLN kontrolliert Parlament, Gerichte, Polizei und Armee. Studenten gingen auf die Straßen, es gab zahlreiche Proteste. Wieder herrscht Chaos. Es gibt Länder, die kommen einfach nicht zur Ruhe.

Der Nicaragua-Kanal

In jedem Land Asiens und Lateinamerikas gibt es ein ehemaliges Fischerdorf, das irgendwann, ohne erkennbaren Grund, von Backpackern zur Partylocation Nummer eins erkoren wird. San Juan del Sur steht kurz davor. Der »Sunday Funday« hatte sich bereits herumgesprochen und lockte immer mehr Partygäste aus aller Welt an. Da man aber an den übrigen Tagen noch in Ruhe seinen Drink am Strand genießen kann, ist der Surfspot der erste Ort auf dieser Tour, an dem wir uns eine Verschnaufpause gönnen.

In den Strandbars gibt es nur ein Gesprächsthema: »El Gran Canal«, der Kanal, der Nicaragua bald durchschneiden soll. Unter lautstarken Protesten war der erste Spatenstich an der umstrittenen Wasserstraße gerade angekündigt worden. Vor der Nationalversammlung präsentierte Präsident Ortega das Megaprojekt mit markigen Worten: »So lange schon irrt unser Volk durch die Wüste! Doch der Tag ist gekommen, da wir das Gelobte Land erreichen werden!« Seither protestieren Tausende Bauern gegen den Bau, weil sie die Zerstörung ihrer Lebensgrundlage befürchten. Als Konkurrenz zum Panamakanal soll die Wasserstraße größeren Schiffen die Durchfahrt ermöglichen. Dabei führt die Route direkt durch den Nicaraguasee, das größte Binnengewässer Mittelamerikas. Durch die Anbindung an die beiden Ozeane würde sein Süßwasser nach und nach versalzen. Kritiker des Projektes befürchten eine ökologische Katastrophe. Auch Siedlungsgebiete indianischer Gemeinschaften wären betroffen. Einige sollen umgesiedelt werden.

So muss das kalifornische Malibu in den 1960er-Jahren ausgesehen haben: ein paar Strandhäuschen, Surfer und eine gute Bar. In San Juan del Sur gibt es so etwas noch.

SODAS, BURRITOS

2020 sollte das Megaprojekt fertig sein. Ein Jahrhunderttraum, versprechen die chinesischen Investoren der HKND-Gruppe. Später hören wir, dass es um das ehrgeizigste Tiefbauprojekt der Welt still geworden ist. Die Bauherren hatten sich übernommen. 50 Milliarden sollte der Spaß kosten, am Ende gab es jedoch nur Zusagen von 600 Millionen Dollar.

Steak geht immer

Es ist bereits dunkel, als sich unsere kleine Reisetruppe nach und nach in der Hotellobby einfindet. Frisch geduscht, mit gekämmtem Haar und einem Sonnenbrand auf der Nase, der leuchtet. Da die feuchte Zweithose und das halbwegs saubere Hemd eben noch in dem luftdichten Kanusack steckten, wabert ein Duft von nassen Handtüchern aus unserer Kleidung. Einige haben Rasierwasser aufgetragen, um den Muff zu überdecken – geholfen hat es nicht. Aber wen stört das schon, denn unsere Tagesetappe ist geschafft. Wir haben uns ein gutes Essen verdient.

Die Mopeds ruhen sich hinter dem Hotel aus, sie haben ihren Job für heute getan. Und so machen wir uns zu Fuß auf die Suche nach einem Restaurant.

San Juan del Sur ist klein und schnell durchschritten. Zügig haben wir einen netten Tisch direkt am Pazifik gefunden. Genauer gesagt, ist Tommy fündig geworden. In seinem früheren Leben war er Gastronom und hat feste Grundsätze entwickelt, wo ein Essen eingenommen werden darf. Das Lokal soll möglichst Wasser- oder Marktplatzlage haben, muss gut gefüllt sein und Bier und Steaks sind natürlich Pflicht. Häufig ist all das gegeben, doch Tommy sucht trotzdem weiter. Welchen geheimen Pfaden er dabei folgt, ist nicht ganz klar. Wir jedenfalls trotten brav hinterher und vertrauen seinem gastronomischen Instinkt. Ob der Geruch eine Rolle spielt, die Beine der Kellnerin oder die Farbe der Tischdecken, keiner hat es je herausgefunden. Irgendwann, wenn ein Restaurant sein Wohlwollen gefunden hat, nickt er schweigsam. Die Platzfindung folgt dann weiteren komplizierten Regeln: Zu dicht am Fenster, zu nah am Ventilator, schlechte Sicht, alles wird gescannt und abgewogen, bis endlich ein Tisch gefunden ist. Wir dürfen uns setzen. Die Luft schmeckt salzig und übergroße Bierflaschen, von denen Kondenswasser perlt, lachen uns an. Die Plätze um uns herum sind mit braun gebrannten Surfern besetzt. Diverse Sprachen mischen sich mit lautem Gelächter und dem Rauschen des Ozeans. Tommy hat mal wieder die richtige Wahl getroffen.

Ein Kellner tritt an unseren Tisch, üblicherweise müsste er jetzt Steak mit Pommes auf seinen Block schreiben. Doch ganz so einfach geht das nur selten. »Fisch wäre super«, sagt Tom. »Wir sind schließlich an der Küste.« Die Karte wird studiert und der Kellner muss die Spezialitäten des Hauses aufzählen. Schweigen. »Welchen ›catch of the day‹ gibt es denn heute?«, fragt Tom. Als nach langem Hin und Her klar ist, um was für einen Fisch es sich handelt, hilft das aber nicht. Nach einer weiteren Schweigeminute und viel Nachdenken entschließt sich Detlef: »Ich nehme Steak mit Pommes.« »Nehme ich auch und ein Bier«, sagt Tommy. »Für mich dasselbe«, schließen sich Peter und Tom an. Alte Männer haben ihre Rituale. Soll der Fisch doch im Wasser bleiben.

Zum Abschluss kann ein Drink in einer Bar nicht schaden. Auf einem Bein kann man nicht stehen, heißt es doch. Der Schuppen ist brechend voll und die Gäste nur halb so alt wie wir (oder ist es ein Drittel?). Laute Musik, kühle Getränke, herrlich!

Der Wirt heißt Dave, ist Kanadier und betreibt diesen Expat-Treffpunkt. Er ist so ziemlich der Einzige in dem Schuppen, der nicht tätowiert ist, obwohl auf seinen Armen viel Platz für Tinte wäre. Dave schwärmt von den schönen Surfgirls, die es in Kanada nicht gibt, und genießt den ersten schneelosen Winter seines Lebens.

Costa Rica

Ohne regionale Zulassung darf ein Fahrzeug nicht ewig in einem Land bleiben, auch in Deutschland nicht. Verstreicht die Frist, gibt es Ärger mit der Polizei und dem Zoll. Hätten wir die Panamericana in einem Rutsch abgerissen, wäre das kein Problem. Da wir aber immer wieder eine Pause einlegen, beginnt jede Reise mit Papierkram – je weiter es Richtung

COSTA RICA

Costa Rica glänzt nicht nur mit seiner stabilen Demokratie, auch bei der Ökobilanz liegt das Land weit vorn. Der größte Teil seines Strombedarfs wird aus regenerativen Quellen gewonnen.

Oben: Fischfang am Straßenrand

Links: Vom Schulbus über ein Café zu einem Haufen Schrott

Süden geht, desto schlimmer wird es. Nicht nur die Zollbestimmungen werden strenger, auch die Fristen für einen legalen Aufenthalt sind weniger kalkulierbar. Mal sind es sechs, mal zwei Monate. Später in Bolivien darf ein Fahrzeug nur vier Wochen im Land bleiben. In Costa Rica wollen wir alles richtig machen – legal und ohne Stress. Daher sollen die Harleys in einem Zolllager überwintern. So ein Stellplatz ist zwar deutlich teurer als ein Storage, aber zum ersten Mal fühlen wir uns auf der sicheren Seite.

Als sich unsere Augen an die Dunkelheit in der Halle gewöhnt haben, sind einige Edelkarossen zu erkennen: Rolls Royce, Porsche, Aston Martin. Alle mit einer dicken Staubschicht überzogen. Wer hätte in diesem Wellblechschuppen solche Werte vermutet? Weiter hinten verbergen sich Motorräder und Boote unter Planen. Dort sollen unsere Bikes eingemottet werden.

Oben: Costa Rica gehört zu den Ländern mit der größten Biodiversität. 300 000 der insgesamt 500 000 Arten sind Insekten. Wer kein Krabbelzeug mag, sollte sich nicht zu tief in die Büsche wagen.

Rechts: Der Jaco Beach bietet gute Bedingungen zum Wellenreiten.

Tour 6, 2016

Ein Jahr vergeht, unsere Maschinen sind nun genauso verstaubt. Mit einem Gartenschlauch, der vor der Halle hängt, wollen wir den gröbsten Dreck abspülen und dann aus San José verschwinden. Aber ganz so einfach ist das nicht. Erst muss ein Zöllner kommen. Vorschrift, Sie verstehen. Kurz erwägen wir, einfach unerlaubt vom Hof zu donnern. Doch ein riesiges Metallgitter versperrt die Ausfahrt und dahinter warten eine Schranke und ein bewaffneter Wärter.

Als der Mann vom Zoll eintrifft, heißt es, in fünf Minuten sei alles erledigt. Aber dann wird es doch kompliziert. Ein Lkw muss besorgt, unsere Motorräder in einen Container geschoben werden und bis zur Grenze nach Panama gebracht werden. All dies ist leider sehr aufwendig und teuer! Wie bitte? Man sollte meinen, dass ein Zollbeamter wissen sollte, was zu tun ist. Nicht in Mittelamerika, da ist alles anders.

Vom Lager geht es zum Zollamt, dann zu einem Versicherungsbüro und weiter zu einer Agentur. Überall wartet Papierkram. Kutschiert werden wir den ganzen Tag von Valeria, einer Zollagentin. Wie bei vielen Costa Ricanerinnen spannen sich Bluse und Hose über ihre üppigen Kurven, und goldenes Geschmeide glänzt auf ihrer dunklen Haut. Schwer zu sagen, ob die 500 Dollar, die jeder von uns an sie zu zahlen hat, Gebühren sind, oder ob neuer Schmuck her muss. Andererseits, wer würde für kleines Geld diverse Ämter abklappern und fünf schlecht gelaunte Kerle durch die Gegend fahren wollen? Zumindest behält Valeria stets die Nerven und lässt sich von keinem stoischen Amtsschimmel einschüchtern.

Acht Stunden später sitzen wir mit geballten Fäusten und weißen Handknöcheln wieder in einer Behörde auf unbequemen Plastikstühlen. Valeria hatte uns in der vermeintlich letzten Station abgesetzt und konnte nicht mehr helfen. Es ist bereits fünf Uhr am Abend und wir kämpfen mit Mordgedanken. Langsam schiebt sich die Wut vom Bauch in die Seele. Ein kleiner Funken, und einer von uns wird etwas zertrümmern, oder schlimmer, er wird schreiend explodieren und mit seinem Zorn alle Beamten und das Gebäude in die Luft sprengen.

Das Amt ist längst geschlossen und die Flure sind dunkel und verwaist. Seit Stunden sind wir die letzten Kunden. Ein Staatsdiener und sein Vorgesetzter mühen sich dennoch geduldig mit unseren Unterlagen ab. Es braucht zahllose Schriftstücke, aber keiner weiß, welche. Wichtig wie ein Fetisch sind Unterschriften, Stempel, Kopien und Durchschläge. Immer wieder müssen wir Formulare ausfüllen; die Daten werden dann noch einmal in einem Computer eingetragen. Nichts zu machen, Vorschrift! Am Ende gibt es die Unterlagen und die sechste Tour kann endlich beginnen.

Merke: Ein Zolllager ist auch keine Allheillösung.

Die beliebteste Banane der Welt!

Der Hotelier vom Tico Aleman hat Peter auf die andere Flussseite von Palmar mitgenommen, wo der Ort den Zusatz Sur trägt. Sie stehen vor einem ver-

Links: Die erste Dampflok Costa Ricas fuhr von Alajuela über San José nach Puerto Limon an die karibische Küste. Später hielt der Zug auch in Palmar.

Rechts: Eine der unzähligen Brücken unserer Reise, diese überspannt den Río Térraba. Mit einer Länge von 160 Kilometern ist er der längste Fluss des Landes.

Oben: Für manche ist eine Reise zur Regenzeit ein Geheimtipp. Es ist grüner, ruhiger und günstiger als sonst. Für Motorradfahrer sind die Unwetter keine guten Reisebegleiter.

Rechts: Panama bietet lange Sandstrände und kleine Buchten. Ruhige Plätze entlang der Pazifikküste findet man zwischen Panama City und der Grenze zu Costa Rica.

rosteten Eisenbahnwaggon, und der Hotelier erzählt die Geschichte seines Landes und der Eisenbahn.

1871 reist Minor C. Keith nach Costa Rica, um an einem Bahnprojekt zu arbeiten. Er kam aus New York City und träumte davon, das Land mit einem Schienennetz zu überziehen, genauso wie in seiner Heimat. Zu der Zeit kamen Asien, Afrika und Lateinamerika zusammen nur auf wenige Bahnkilometer.

Bei seinem Projekt, die Schienen durch die Tropen zu treiben, stieß er auf unzählige Unwägbarkeiten. Eine davon war die Suche nach billigem Essen für seine Arbeiter. Da es in Costa Rica wilde Bananen gibt, ließ er die Stauden neben den Gleisen anpflanzen und war erstaunt, wie schnell die Früchte wuchsen. 19 Jahre später sollte er sich daran erinnern. Das Eisenbahnprojekt machte nur Schwierigkeiten und die geringe Passagierzahl zwang ihn zur Aufgabe. Keith beschloss, Bananen aus den Plantagen zu exportieren, die er damals angelegt hatte. Die ersten Sendungen erwiesen sich als großer Erfolg, sodass er ein Exportunternehmen gründete.

Später fusioniert seine Firma mit der Boston Fruit Company, die zur Chiquita Brands International, Inc. wurde. Heute ist die Gesellschaft einer der größten Bananenexporteure der Welt und in über 70 Ländern aktiv. Das Produktsortiment umfasst neben Bananen auch Ananas, Früchtesnacks, getrocknete Früchte, Fertigfruchtsalate und Getränke.

Tags darauf rauschen wir auf unseren Bikes an riesigen Bananenplantagen vorbei. Über die Früchte sind blaue Plastikbeutel gestülpt worden, um sie vor Insekten zu schützen. Achtung beim Pinkeln am Straßenrand: Zwischen den Bananenstauden verstecken sich riesige Giftspinnen.

Herdfeuer der Straße

Motorradfahren ist eine wahre Freude, außer es regnet. Durchgeweicht haben wir uns eine Pause verdient, und nach kurzer Ausschau ist eine Garküche am Straßenrand gefunden. Lange muss man selten suchen, denn in Lateinamerika gibt es unzählige solcher Mini-Restaurants. Ein Kocher, ein Tisch mit Plastikstühlen, Dach drüber – und fertig ist die Gaststätte. Falls es eine Speisekarte gibt, lohnt sich kein Blick hinein, denn meistens steht nur ein Gericht zur Auswahl. Zum Runterspülen werden Softdrinks angeboten. Cola, Fanta, 7up stehen immer sauber aufgereiht, für jeden sichtbar, auf dem Tresen. Nichts ist einfacher, als so ein Geschäft zu eröffnen. Kochen kann (fast) jeder. Am Straßenrand wird – anders als an Busbahnhöfen und Märkten – keine Pacht fällig, und so hält sich das Invest in Grenzen.

Oh, wie schön ist Panama

Ich gestehe, dass ich kein Panamafan bin. Zu amerikanisch, zu wenig Charme. Doch eine halbe Stunde südlich der einzigen Straße, die sich von West nach Ost durch diesen Teil des Landes frisst, versteckt sich eine kleine Perle. An einem kilometerlangen Strand liegt das Las Lajas Beach Resort. In den zwei Tagen, die wir dort abhängen, ist kein Mensch am Strand zu sehen. Die riesigen Wellen haben es allerdings in sich. Beim Toben in den Brechern wäre ich fast abgesoffen, kein Scherz.

Weiter östlich an derselben Küste steht das genaue Gegenteil eines einsamen Strandhotels: das Riu Playa Blanca, eine Bettenburg mit über 500 Zimmern. Beim Einchecken bekommt jeder ein goldenes Plastikband ums Handgelenk – den Freischein zur Völlerei. Jeder isst und trinkt nach Herzenslust und noch ein bisschen mehr – ist ja alles all-inclusive. Am Abend werden Gesellschaftsspiele veranstaltet, die einer Abiturientenfeier gleichen. Hier ist Panama wieder nicht zu empfehlen.

Mind the gap

Nach 13 000 Kilometern endet der Mythos Panamericana vor dem Dschungel Panamas. Der Tapón del Darién ist die letzte Lücke der durchgängigen Straßenverbindung nach Ushuaia. Auf Englisch heißt sie daher »Darién Gap«. In vielen Reiseberichten wird diese schmale Landbrücke zwischen Nord- und Südamerika als unüberwindbar beschrieben. Doch General Motors und ein Chevrolet-Händler aus Chicago wollten das nicht hinnehmen und starteten 1961 mit drei roten Chevrolet Corvairs in Panama eine Durch-

PANAMA

Das Land ist für uns eine Sackgasse, denn im Darién Gap gibt es keine Straßen. Dafür leben dort noch Wildtiere wie Jaguar, Ozelot, Tapir, Gürteltiere und Alligatoren.

Tapón del Darién
Zwischen Panama und Kolumbien befindet sich der größte zusammenhängende Regenwald Zentralamerikas.

Unterschiedlicher können Hotels nicht sein: das Las Lajas Beach (oben) und das Hotel Riu an der Playa Blanca (unten) – einsamer Strand versus all-inclusive.

Rechts: Casco Viejo. Nicht jede Straße im historischen Viertel von Panama City entspricht den Idealen des Weltkulturerbes.

querung. Nach qualvollen 109 Tagen erreichen sie schließlich die kolumbianische Grenze. Durchschnittlich haben sie also nur einen einzigen Kilometer pro Tag zurückgelegt.

Danach gab es immer wieder den Versuch von Leuten, die aufbrachen und dort verschwanden. In den 1990er-Jahren legte sich der Run auf die »gefährlichste Route der Welt«, wie manche die Strecke nannten, weil sie noch gefährlicher geworden war. Linke kolumbianische Guerilleros, ihre Gegenspieler, ultrarechte paramilitärische Verbände, und schließlich auch Drogenhändler operierten zunehmend beiderseits der Grenze in dem unzugänglichen Gelände. Sie entführten Touristen und ermordeten Indios.

Mit zwei Freunden bin ich zu jener Zeit von Kolumbien nach Panama zu Fuß durch den Darién Gap gelaufen. Eine echte Schnapsidee! In diesem sumpfigen Dschungel fanden Biologen in den Kronen einzelner Bäume 1100 Insektenarten. Genug Krabbelzeug, um Menschen in den Wahnsinn zu treiben. Ich wurde von einer 24-Stunden-Ameise gebissen, der größten Ameisenart der Welt. Mit Schaum vor dem Mund war ich einige Zeit weggetreten und musste ein paar Stunden durch den Dschungel getragen werden, sicherlich kein Spaß bei der Hitze. Als ich wieder zu mir kam, war ich nur noch mit einer Unterhose und einem T-Shirt bekleidet, dazu barfuß. Das Gepäck lag irgendwo im Dschungel, und unser Guide

VVC 06

KOLUMBIEN

Guerillagruppen, Drogenmafia und Entführungen beherrschen die Schlagzeilen. Dennoch gehört Kolumbien zu unseren Lieblingsländern. Neben reizvollen Städten und herrlichen Landschaften begegnen wir nur freundlichen Menschen.

war vorgelaufen, um Hilfe zu holen – keine gute Idee in der Wildnis. Ohne Führer hatten wir uns schon nach kürzester Zeit hoffnungslos verlaufen.

Wie durch ein Wunder fanden uns Emberá-Ureinwohner und brachten uns in ihr Dorf. Da ich wohl noch immer ziemlich blass um die Nase war, wurde ein Schamane geholt. Aus einem kleinen Lederbeutel, den er um seinen Hals trug, holte er zwei Tabletten: eine rote und eine gelbe. Er überlegte einen Moment und entschied sich für die gelbe und gab sie mir.

Luftfracht

Heute, 24 Jahre später, ist Panama noch immer eine Sackgasse. Die Motorräder müssen von der Hauptstadt in einem Transportflugzeug nach Kolumbien fliegen und wir in einer Verkehrsmaschine hinterher. Ich will nicht beschreiben, wie umständlich und nervtötend die Prozedur war, die Bikes wieder aus dem Cargo-Bereich zurückzubekommen. Es sei nur gesagt, es hat Tage gebraucht, unsere Reisegruppe stand kurz vor der Meuterei.

Ohne Peters Spanischkenntnisse säßen wir wohl noch heute dort. Als kleiner Junge ging er 400 Kilometer von hier, in Envigado, einem Vorort von Medellín, zur Schule. Auch Pablo Escobar hat dort als Junge gelebt. (Ob es da eine Verbindung gab, ist nicht überliefert.) Später war Peter mit einer Venezolanerin verheiratet und lebte einige Zeit in Caracas.

Bogotá

Kolumbiens Hauptstadt liegt auf über 2600 Metern Höhe und ist von breiten Verkehrsadern durchzogen, die selbst zu dieser späten Tageszeit noch verstopft sind. Die Orientierung ist einfach, denn die Straßen sind durchnummeriert. Die Carreras verlaufen parallel zu den Bergen, die Calles stoßen senkrecht auf sie zu. Wir kommen vom Westen in die Stadt, vor uns liegt eine Bergkette, an der sich Bogotá in beide Richtungen rund 50 Kilometer ausdehnt. Zur Linken wohnen die Reichen, zur Rechten wird es ärmer und gefährlicher.

Die Salsa Bar Amparo Arrabato liegt im Zentrum der Stadt, ein paar Gehminuten von unserem Hotel entfernt. Dort lauschen wir den Rhythmen der Musik und trinken Cerveza Club Colombia. Die Bedienung, eine Dame in fortgeschrittenem Alter, lässt nichts unversucht, die Gäste zu umgarnen und sorgt so für gute Stimmung. Nach diesem Albtraumtag auf dem Amt haben wir uns einen kleinen Rausch verdient und lassen uns gern anstecken.

Die Sieben-Millionen-Metropole ist nach São Paulo, Buenos Aires und Rio de Janeiro die viertgrößte Stadt Südamerikas und erlebt gerade die besten Jahre seiner neueren Geschichte. Nach über 50 Jahren Bürgerkrieg steht die Regierung kurz vor einem Friedensvertrag mit der linken Farc-Guerilla. In ein paar Monaten wird Präsident Juan Manuel Santos dafür den Friedensnobelpreis bekommen. Die Wirtschaft boomt, immer neue Bürogebäude türmen sich in den Himmel, die Kriminalität wurde zurückgedrängt.

Wie aus dem Nichts steht der Hotelbesitzer des Dorado Gold vor uns, bei ihm waren wir drei Stunden zuvor untergekommen. »Hier könnt ihr nicht bleiben«, sagt er verschwörerisch. »Viel zu gefährlich um diese Uhrzeit. Ihr müsst zurück ins Hotel.«

Vielleicht liegt dieses Viertel doch nicht in der sicheren Zone, oder Bogotá hat seine kriminelle Vergangenheit noch immer nicht abgelegt.

Kaffee, Kakao und Kurven

Auf den Spuren Alexander von Humboldts soll es von Bogotá nach Quito gehen. »Der Weg ist ungefähr so reizvoll, als wenn man in einem Viehhofe in der Mistpfütze spazierte«, schrieb Humboldt vor 200 Jahren in sein Tagebuch. Jeden Nachmittag musste die Reise-

Oben: Üppige Auslagen. In Kolumbien werden bedrohliche Männerfantasien in den Schaufenstern ausgestellt.

Links: In der Cargohalle in Bogotá wartet unsere kostbare Fracht auf die Weiterfahrt.

Dank seiner bemerkenswerten Topografie besitzt Kolumbien viele unterschiedliche Klimazonen. Die Kaffeebohnen, die dort wachsen, gehören zu den besten der Welt.

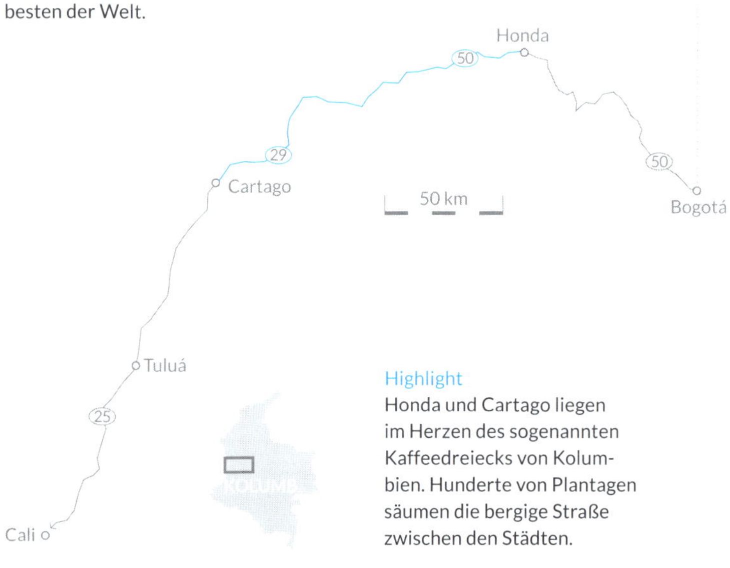

Highlight
Honda und Cartago liegen im Herzen des sogenannten Kaffeedreiecks von Kolumbien. Hunderte von Plantagen säumen die bergige Straße zwischen den Städten.

gruppe des Naturforschers rechtzeitig Unterschlupf suchen, dann begannen die Wolkenbrüche der hereinbrechenden Regenzeit. »Es goss wie mit Mollen«, notierte er auf Berlinerisch.

Aus den Trampelpfaden von damals sind heute Straßen geworden, die durch ein hügeliges, immergrünes Hochland führen. Gleich geblieben ist der Regen, der hier seit jeher ein treuer Begleiter zu sein scheint. Die Fahrbahn ist glitschig und die Sicht miserabel. So kann keiner die Kaffeeregion Kolumbiens genießen, die zu den schönsten Ecken des Landes gehören soll. Selbst als der Schauer nachlässt, kleben die Augen auf der nassen Fahrbahn, denn neben uns fällt das Gelände steil bergab.

Die Höhenlage, der gute Boden und nicht zuletzt die häufigen Niederschläge sind ideale Komponenten zum Anbau der hochwertigen Arabica-Sträucher. An ihnen wächst die edle Bohne, die den Kaffee berühmt gemacht hat – und Kolumbien zum viertgrößten Exporteur weltweit.

Der nächste Wolkenbruch schwämmt uns in ein Restaurant. Dort genießen wir den ersten Kaffee seit Tausenden Kilometern, der wirklich schmeckt. »Unsere Bohne ist in den Spitzenkaffees der Welt zu finden«, ist schwungvoll an die Wand gepinselt.

Hinter uns liegt ein lohnender Umweg über die kleine Stadt Honda – auch dies ist ein Ort, den Humboldt besucht hat. Wer über das Kopfsteinpflaster der engen Straßen oder über eine der 40 Brücken schlendert, begibt sich auf eine Zeitreise durch Kolumbiens Geschichte.

Motels

Den ganzen Tag über hat die holprige Straße unsere Knochen traktiert. Die Schatten werden länger und nach acht Stunden Fahrt lässt die Konzentration merklich nach – es wird Zeit für eine Unterkunft.

In den USA ist es einfach, ein Bett zu finden. Kreuzen sich zwei Straßen, lockt ein riesiges Neonschild mit einem Cowboy, einem Flamingo oder einem schlichten »vacancy«. Das macht das Reisen angenehm und die Planung zum Kinderspiel. Kaum haben wir lateinamerikanischen Boden betreten, liegen die Hotels im Schutz der Ortschaften. Um sie zu finden, müssen wir Passanten fragen. Ist eine Unterkunft gefunden, braucht es nur selten einen zweiten Anlauf. Genügend Zimmer und einen gesicherten Parkplatz gibt es fast immer.

In der Lobby trinken wir ein Belohnungsbier und genießen den Moment der Ankunft. Wenn der Concierge es sehr genau nimmt, ist noch Papierkram zu erledigen. Spätestens danach legt er die Schlüssel auf den Tresen, und jeder kann sich auf sein Zimmer zurückziehen und die Tür schließen. Endlich Ruhe!

Nur noch gedämpfte Geräusche dringen in den spärlich möblierten Raum. Vereinzeltes Hupen, eine Polizeisirene, ein bellender Hund. Wieder so eine

KENWORTH
DE LA MONTAÑA
SLG·097
CARGA
LARGA
SNM 564
2209
PELIGRO

Absteige, die schon bessere Zeiten gesehen hat. Auf dem Bett liegt eine dreckige Überdecke, der Fußboden ist schon längere Zeit nicht mehr gefegt worden, geschweige denn gewischt. Im Dienste der Schönheit steht eine Vase auf dem Nachtschrank, in der eine Kunstblume steckt. Der Geruch von Holzimitat liegt in der Luft.

Ich werfe die Klamotten über einen Plastikstuhl, einen Schrank gibt es nicht. (Egal, ich kann mich nicht daran erinnern, je meine Kleidung in einen der Schränke eingeräumt zu haben.) Jetzt eine Dusche!

Im Bad wirft eine Glühbirne ihr kaltes Licht auf die Fliesen. Auch hier ein spezieller Geruch, der an einen nassen Hund erinnert. Den Klopapierhalter hat ein Witzbold direkt hinter der Toilette angebracht. Wer daran will, muss ein Schlangenmensch sein, oder für jedes Blatt von der Klobrille aufstehen.

In der Duschkabine gibt es einen weißen Plastikduschkopf, groß wie ein Nutella-Glas. Zwei grüne Kabel winden sich aus der Wand, sie sind am Kopf mit dem Gehäuse verbunden. Die letzten Millimeter glitzern verdächtig wie Kupfer. Doch ein Schild auf dem Duschkopf soll mich beruhigen: »Ein Jahr Garantie«, steht dort. Wann diese Frist abgelaufen ist, steht dort nicht. Dreht man die Armatur auf, sprudelt kaltes Wasser aus der Brause. Todesmutig schiebe ich den Schalter am Duschkopf in die Richtung des rot en Punkts, neben dem das Wort »caliente« steht – jetzt bloß nicht mit den nassen Fingern in die Nähe der blanken Kabelenden gelangen. Über mir beginnt es zu brodeln. Es hört sich an wie ein Tauchsieder in Ekstase. Und tatsächlich, das Wasser wird warm.

Auf der Fensterbank liegt ein trauriges Stück Kernseife, klein wie ein Radiergummi. Wer einmal an so einem Ding gerochen hat, entscheidet sich lieber für eigenes Duschgel. Trotz dieser geringen Standards wirkt so eine Dusche Wunder. Selbst das klamme Handtuch ist schnell vergessen.

Bis zum Dinner ist noch etwas Zeit. In der Lobby, wo es WLAN gibt, kann man ins Internet gehen oder ein Nickerchen machen. Wer noch Energie hat, geht joggen oder ein paar Schritte durch die Straßen. Auf jeden Fall kein Kuppeln, Bremsen oder Gas geben.

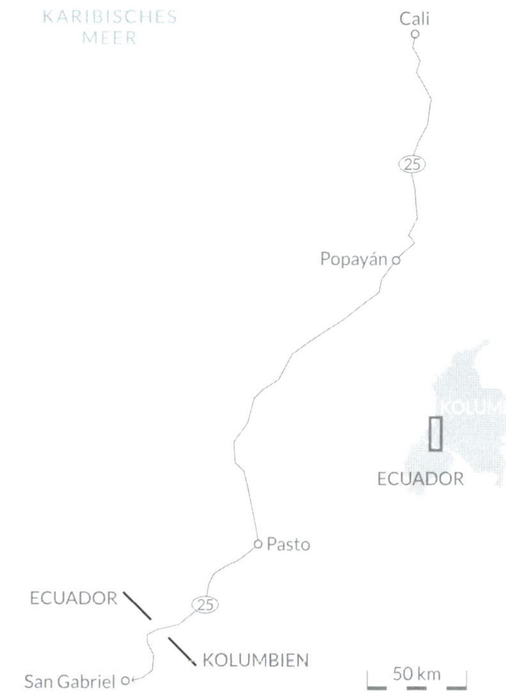

Oben: Für eine Handvoll Pesos lassen wir die Öfen waschen.

Rechts: Valeria betreibt mit ihrer Schwester ein kleines Restaurant. Ihr Lächeln ist allerdings beeindruckender als ihr Kaffee.

Tour 7, 2017

Wer an Cali denkt, hat unweigerlich das Kartell im Sinn. Angefangen hatte es in den 1970er-Jahren, als die Orejuela-Brüder von dort den Kokainexport in die USA organisierten. Einige Jahre später bekamen sie Konkurrenz aus Medellín. Kolumbiens berühmtester Drogenboss Pablo Escobar belieferte mittlerweile weltweit. Der Preis für ein Kilogramm Kokain liegt in Kolumbien bei 1000 Dollar. Mit der Überfahrt nach Europa steigt er auf 25 000, auf der Straße werden daraus 70 000. Solche Renditen suchen ihresgleichen. Selbst Gold kostet weniger. Es gibt kaum ein lukrativeres Geschäft für Kriminelle.

In den letzten Jahren wurden die Organisationen in Cali zerschlagen, der Drogenhandel mit seinen Nebenwirkungen gehört der Vergangenheit an, versichert die Regierung. Heute soll in der Metropole nichts mehr davon zu spüren sein. Und so nennen die Einheimischen Cali wieder liebevoll »Zweigstelle des Himmels«. Ob das der positiven Publicity geschuldet ist, keine Ahnung. Wir jedenfalls fühlen uns zwischen den umliegenden Bergen im Cauca-Tal pudelwohl.

Bruce Johnson vom Motoservicio Asturias müht sich mit meinem Brems- und Schaltgestänge ab. Bei der vorverlegten Fußrasten-Konstruktion hatten die Monteure von Harley Alaska die O-Ringe vergessen, so konnte der Straßenschmutz in die beweglichen Teile kriechen. Alles ist blockiert. Während Bruce am Bike arbeitet, essen wir nebenan im Crepes & Waffles zu Mittag. Das Restaurant liegt im Nordosten von Cali und hätte so auch in New York City oder Barcelona stehen können. Stilvolles Interieur, tolles Essen und gut gekleidete Gäste.

Coca
SIENTE E

500 Kilometer weiter südlich, in San Gabriel in Ecuador, sitzen wir in einer kleinen Gaststätte, die so ziemlich das Gegenteil von chic ist. Die Stühle und Tische sind aus Plastik und die Kunst an den Wänden sieht aus wie von Kinderhand gemalt. Neben uns stochert ein junges Pärchen lustlos in ihrem Reis-Gemüse herum. »Wir kommen gerade aus Vilcabamba, dem Tal der Hundertjährigen«, erzählen sie. »In dem kleinen Ort im Süden von Ecuador scheint es einen Jungbrunnen zu geben, so viele Alte hast du noch nicht gesehen. Einige glauben, dass der San-Pedro-Kaktus, der dort wächst, das Potenzial hat, lebensverlängernd zu sein. Wir wollten aber bei einer Ayahuasca-Zeremonie mitmachen.« Als sie unsere fragenden Gesichter sehen, erklären sie: »Du trinkst einen psychedelischen Tee, gemacht aus einer Liane, die im Amazonasgebiet wächst. Seit Urzeiten nehmen Schamanen mit diesem Gebräu Kontakt mit den Pflanzengeistern auf. Ist besser als LSD. Ein echter Schamane verabreicht den Sud, und wenn deine Seele rein ist, hast du ein paar Stunden den Megatrip. Alle liegen auf dem Boden in einer Hütte und der Priester stimmt seine Gesänge an. Wahnsinn! Nur den Unreinen gehts schlecht. Die kotzen und kriegen die Scheißerei.«

Na dann, guten Appetit, denke ich und schiebe mein »Pollo con Arroz« zur Seite.

Äquator in Ecuador

Mein Urgroßvater, ein alter Seebär, sprach gern von dem Brauch, wie Männer, die zum ersten Mal den Äquator überqueren, »getauft« wurden. Wie viele seiner Geschichten, die er mir als Kind erzählte, war

Rechts: Neben der Straße geht es häufig steil bergab.

Mitte: Die Bevölkerung Kolumbiens setzt sich aus den verschiedensten Ethnien zusammen. Es gibt über 80 unterschiedliche indigene Volksgruppen.

Links: Schwere Unwetter mit Rekordniederschlägen

diese Neptuntaufe mit einem großen Brimborium verbunden und endete stets in einem Besäufnis. Zunächst wurde ein behelfsmäßiges Becken gezimmert und mit Seewasser gefüllt. Als Neptun verkleidet, packte der Bootsmann den Täufling am Schlafittchen und tauchte ihn darin unter, bis er fast ertrank. »Nur so konnte er ›gereinigt‹ werden«, sagte mein Urgroßvater mit ernster Stimme. Dann ging es dem Delinquenten mit einem Holzmesser an den Bart, und zu guter Letzt musste er Neptuns Füße küssen, die mit Senf bestrichen waren.

Unsere Äquatorüberquerung ist dagegen wenig spektakulär. Nördlich von Quito, bei Cayambe, steht

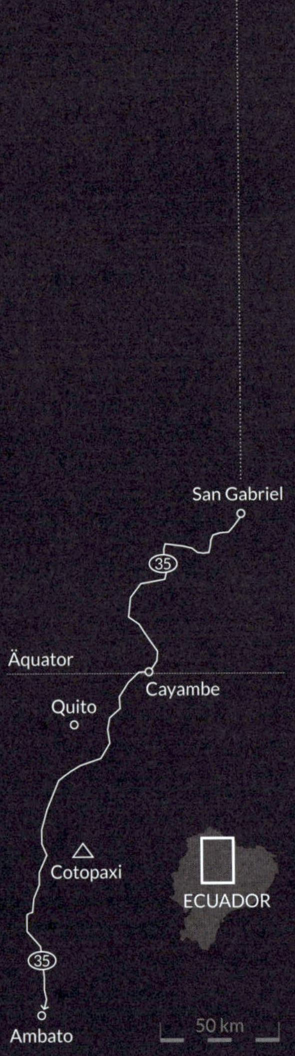

ECUADOR

Benannt nach der Äquatorlinie die mitten durch das Land verläuft, lässt sich Ecuador in vier völlig unterschiedliche geografische Zonen aufteilen: die Küste, die Anden, das Amazonasgebiet und die Galápagos-Inseln.

ein orange gestrichener Pfeiler am Straßenrand. Hier verläuft die geografische Breite 0° 0‘ 0“. Mit den Linien, die auf den Boden gepinselt wurden, mutet der Ort wie eine energieverheißende Quelle an.

Für Konfluenz-Jäger hat dieser Platz tatsächlich eine magische Bedeutung. Das sind Leute, die auf Längen- und Breitengraden reisen und mit einem GPS-Gerät bewaffnet Schnittpunkte suchen. Ihr Ziel ist es, 13 000 Punkte auf der Erde zu sammeln. Wenn dann noch Zeit ist, gibt es noch gut 50 000 Punkte, die auf dem Wasser zu holen sind.

In der Zeit, als mein Urgroßvater über die Weltmeere schipperte, meldete Carl Benz das Patent für das erste Automobil mit Verbrennungsmotor an. Doch der Erfolg wollte sich nicht einstellen, denn die Straße gehörte den Pferden. Der Ingenieur wollte schon aufgeben, als sich eines Morgens seine Gattin den knatternden Prototyp schnappte und sich auf die erste Überlandfahrt der Automobilgeschichte begab: 106 Kilometer von Mannheim nach Pforzheim. Da das Gefährt dafür mehr als 20 Liter brauchte und aus Flaschen nachgefüllt werden musste, kaufte Bertha

Links: Detlef, Tommy und Peter im Pausenmodus

Mitte: Freundlicher Mitbewohner in der Hotellobby

Rechts: San Gabriel wurde aufgrund seiner kolonialen Fassaden von der UNESCO zum Nationalen Kulturerbe ernannt.

Farmacia
LASSO
YACU
DORIS
VOTA TODO 21 - 23
CBF-499

Benz die gesamten Vorräte an Waschbenzin in einer Apotheke im baden-württembergischen Wiesloch und sorgte, sozusagen im Vorbeifahren, dafür, dass die erste Tankstelle der Welt entstand. Heute gibt es bei uns etwa 14 000 davon.

In vielen Ländern auf unserer Reise, besonders in dünn besiedelten Regionen, sind Tankstellen der gesellschaftliche Treffpunkt. Dort wird gegessen, getrunken und wer Zeit hat, hält ein Schwätzchen. Größer ausgebaut, bilden sie das wirtschaftliche Zentrum einer Siedlung oder eines Dorfs.

In den USA stehen über 114 000 Gas Stations. Einfach an die Zapfsäule fahren, tanken und bezahlen ist dort nicht möglich. Man muss vorab an der Kasse bezahlen und hoffen, dass die geschätzte Menge passt. Merkt man, dass die Rechnung nicht aufgeht, weil noch eine Gallone zur Verfügung stände, hat man Pech gehabt. Am besten zückt man an der Zapfsäule seine Kreditkarte, wählt Regula, Plus oder Premium. Jetzt nur noch den »Noozle« anheben. Das ist ein Hebel an der Seite der Zapfsäule oder die Halterung des Füllstutzens. Ist der nicht »lifted«, passiert gar nichts.

In der westlichen Welt sind Tankstellen kaum von Supermärkten zu unterscheiden, außer, dass der eine Benzin im Sortiment führt. Was sich beim Discounter durchgesetzt hat, gilt auch für die moderne Tankstelle: Die Arbeit muss der Kunde selbst erledigen, und wenn es eine technische Frage gibt, haben die Angestellten von Fahrzeugen so viel Ahnung wie eine Kassiererin beim Discounter.

In Lateinamerika ist der Kunde noch König. Wie in den guten alten Zeiten übernimmt der Tankwart das Abfüllen. Tropft beim Herausnehmen des Füllstutzens Benzin auf den Lack, wird es umgehend weggewischt. Viel mehr als Kraftstoff gibt es allerdings nicht. In den Auslagen liegen bestenfalls Schokoriegel, Softdrinks und Kekse.

Rechts: Beim Karneval in San Gabriel sollen es alle wissen: »Ich liebe meine ganze Familie.«

Unten: Der Regen nervt.

Über die Teufelsnase nach Quito

Am Morgen haben wir die falsche Abfahrt genommen und sind über Serpentinen immer weiter bergauf geklettert, vorbei an verschiedensten Grüntönen, bis aus dem saftigen Dickicht des Nebelwaldes Huigra auftauchte. Ein paar Häuschen an einer Bahntrasse, die mitten durch die Siedlung verläuft.

Jetzt sitzen wir in einem Restaurant am Bahnhof und essen Hühnersuppe. Um uns herum hat die Familie des Hauses Platz genommen und der Wirt füllt großzügig Suppe nach. Redselig freut er sich über Kundschaft, denn viel ist nicht los zu dieser Jahreszeit. Einmal mehr gibt es eine Geschichte, in der die Eisenbahn die Hauptrolle spielt. »Die erste Bahnstrecke Ecuadors sollte die größten Städte, Guayaquil an der Küste und Quito in den Anden, verbinden. Die reichen Eisenbahner suchten während der Bauzeit für ihre Familien nach einem schönen Flecken Erde, unweit der Gleise. Am Pazifik war es zu heiß und oben in den Bergen wollte auch keiner leben. Huigra schien ihnen ideal – traumhaft gelegen, abseits des Trubels, auf 2000 Metern Höhe. Aus diesem Grund wurde die Bahnstrecke so gelegt, dass sie durch diesen Ort führt«, erzählt uns der Gastwirt.

Schnell wurde klar, dass es in diesem Teil der Anden Hindernisse zu überwinden galt, die es in sich hatten: eine fast senkrechte Felswand – die Teufelsnase und die 3000er im Norden. Die Ingenieure planten einen Zickzackkurs, der in die Felsen gesprengt werden musste. Durch Vorwärts- und Rückwärtsfahren konnte der Zug so die erforderliche Höhe erklettern. Die schwierigste Eisenbahnstrecke der Welt gilt heute als Meisterwerk der Gleisbautechnik.

Doch das Projekt hatte noch weitere Schattenseiten. Aufgrund des unwägbaren Geländes und infolge des Termindrucks zur Fertigstellung ereigneten sich zahlreiche tödliche Unfälle auf den Baustellen. Viele der einheimischen Arbeiter weigerten sich, weiterhin ihr Leben zu riskieren, und kündigten. Daraufhin wurden 4000 Männer aus Jamaika angeworben. Beim

Amo a toda
mi

CRUCE DE
FERROCARRIL

Sprengen der Trasse in den Fels durch Erdrutsche, Malaria, Gelbfieber oder Schlangenbisse starben mindestens 2500 Menschen. »Ein hoher Preis für ein bisschen Luxus in Huigra«, meint der Wirt.

Gegenüber des Restaurants steht ein stuckverziertes, prachtvolles Wohnhaus aus jener Zeit und will so gar nicht in diese gottverlassene Gegend passen. Die Eisenbahner haben es sich hier richtig nett gemacht.

Mit Blasrohren gegen ein Bataillon

In der Cordillera del Cóndor, dem bergigen Übergang zwischen Ecuador und Brasilien, treffen die Anden auf die Regenwälder des Amazonas. Dort liegt das Dorf Nankints. Es ist das Territorium der Shuar Arútam, übersetzt: Menschen des Großen Geistes. »Hier treffen sich die Kondore der Kordilleren und die Jaguare der Ebene«, sagen die Einheimischen stolz. Durch tiefe Schluchten strömen Flüsse, die, aus den Schneefeldern der Anden kommend, irgendwann im Amazonas münden. Genau in dieser sensiblen Region soll ein Bergwerk entstehen. Für das Vorhaben konnte Ecuador chinesische Investoren begeistern, die schnell zur Hand sind, wenn moralische Bedenken ein Projekt gefährden.

Vor drei Monaten hatte der Staat zugeschlagen, um die Shuar mit Waffengewalt aus ihrem Dorf zu vertreiben. Die Waldmenschen haben sich mit Blasrohren, Macheten und Speeren gewehrt, wobei ein Polizist gestorben sein soll. Daraufhin verhängte Ecuador den Ausnahmezustand und Hunderte Soldaten rückten in Militärfahrzeugen an und vertrieben die Ureinwohner. Dabei zerstörten sie ihre Häuser und die Ernte. 200 Indigene gegen China und Ecuador – klingt nach Kolonialismus der alten Schule.

Da Touristen in dieser Ecke gerade nicht willkommen sind, umfahren wir das Krisengebiet und nehmen Kurs auf die Küste Perus.

El Niño und der Humboldtstrom

Das Wetterphänomen El Niño ist eine komplizierte Sache. Verstanden habe ich nur, dass es im Pazifik

High Noon in Huigra. Die kleine Stadt liegt auf angenehmer Höhe in den Bergen und wurde zu Beginn des 20. Jahrhunderts zum Sitz der reichen Eisenbahngesellschaft.

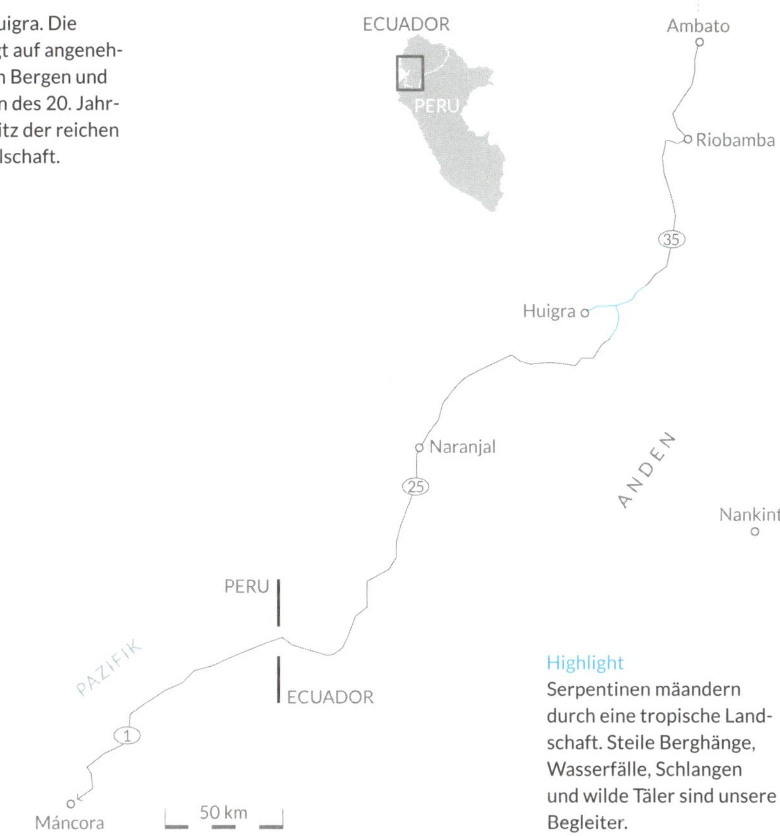

Highlight

Serpentinen mäandern durch eine tropische Landschaft. Steile Berghänge, Wasserfälle, Schlangen und wilde Täler sind unsere Begleiter.

PERU

Zwischen den schneebedeckten Anden, die Höhen von über 6000 Metern erreichen, und der Pazifikküste zu cruisen, ist ein Riesenspaß.

Links: Der erste Platten auf der Tour

Mitte: In Ecuador können Vogelspinnen groß wie Essteller werden. Diese hatte die Größe einer Männerhand.

Rechts: Grüner wirds nicht. Manchmal ist es ein Segen, wenn man sich verfährt.

einen Temperaturunterschied zwischen den Küsten Südostasiens und Südamerika gibt. Zusammen mit dem Passatwind, der darüber fegt, erzeugt dieser Motor einen Auftrieb, der kühles Wasser aus den Tiefen des Pazifiks an die Küste Perus bringt. Flaut der Passatwind ab, kommt dieser Zirkulationseffekt zum Erliegen, sodass sich die Fluten vor den südamerikanischen Ufern erwärmen. Das sollte eigentlich die Badegäste erfreuen, hat aber einen Haken. Durch diesen Effekt verändert sich der Luftdruck, es entsteht ein Hochdruckgebiet.

Bis hierhin ist noch alles verständlich, aber bei Kelvinwellen, Walker-Zirkulation und anthropogenen Treibhauseffekten bin ich ausgestiegen. Klar ist aber, dass sich die Wetterverhältnisse dramatisch verändern. Was das bedeutet, spüren wir am eigenen Leib: Regen ohne Ende. Ecuadors nationale Wetterbehörde geht davon aus, dass die Unwetter noch einige Monate anhalten. Es heißt, die vor zehn Monaten entstandene El-Niño-Phase zählt zu den stärksten der bisher verzeichneten. Auch der Staatspräsident Rafael Correa meldet sich zu Wort und spricht von einer ernsten Situation. Betroffen ist nicht nur die Küstenregion, auch in den Bergen gibt es zerstörerische Schlammlawinen, die ganze Dörfer begraben.

Ein weiterer Wettermotor ist der Humboldtstrom. Von der Arktis kommend, treibt er die kühle Meeresströmung Richtung Norden. Auf der Höhe Limas fließt er Richtung Westen ab und verliert sich in den Weiten des Pazifiks. Ein Badeurlaub in Peru macht daher nur im Norden Spaß, weiter südlich wird es zu frisch. Auf der Höhe von Máncora und Trujillo ist das Meer etwa acht Grad wärmer als vor der Hauptstadt Lima. Máncora bietet weite Badestrände, Palmen und Strandleben. Grund genug für uns, zwei Tage faul in der Sonne zu liegen.

Kinder als Opfergaben

Auch in Peru haben die Niederschläge in den vergangenen Wochen vernichtende Sturzfluten ausgelöst, die hier »Huaicos« heißen. Durch sie versinken ganze Landstriche unter Schlamm und Trümmern. 100 000 Menschen haben kein Dach mehr über dem Kopf, mehr als eine halbe Million Peruaner sind von den Unwettern betroffen.

Doch El Niño ist kein Wetterphänomen der modernen Zivilisation. Der Stamm der Chimú hatte schon vor über 500 Jahren damit zu kämpfen und griff damals zu drastischen Mitteln, um die Sturmgeister milde zu stimmen. Im peruanischen Küstenort Trujillo wurden 269 Skelette von Kindern entdeckt, die zwischen fünf und 14 Jahren alt waren und geopfert wurden. Ihnen wurden die Herzen bei lebendigem Leib herausgerissen. Mit einem Messer hatten die Chimú ihrem Nachwuchs die Rippenknochen über ihrem Herzen gebrochen und das schlagende Organ entnommen. Ihre Gesichter zeigen alle Richtung Meer. Neben den Leichen wurden auch 466 Lamas gefunden, die in die entgegengesetzte Richtung, hin zu den Anden zeigen. Es ist das größte Massengrab mit Kindern, das je gefunden wurde. Bislang hielt Mexiko den traurigen Rekord. Bei einem Tempel nahe der Hauptstadt wurden 42 Kinderskelette gefunden, die geopfert wurden.

Lima

Nach der Badepause in Máncora begeben wir uns zurück auf den Highway 1. Es wird immer trockener. Bäume gibt es hier kaum. Im Rückspiegel sehe ich, wie Tommy langsamer wird und stehen bleibt. Sein Reifen verliert Luft. Platten! Zum Glück gibt es in Lateinamerika unzählige Werkstätten an der Straße. Es braucht nie lange, um helfende Hände zu finden, selbst im menschenleeren Niemandsland. Peter und ich sind vor Jahren mit seinem alten Jeep Wagoneer

48t

durch den Süden Venezuelas gefahren. Krachend bin ich mit hohem Tempo in ein Schlagloch gefahren (man konnte es leicht übersehen, es war nur so groß wie eine Badewanne). Vier platte Reifen und zwei gebrochene Achsen waren das Ergebnis. Ratlos standen wir am Straßenrand. Der erste Lkw, der vorbeikam, nahm uns und die Reifen mit ins nächste Kaff.

Eine Werkstatt war schnell gefunden. Umgehend hämmerte ein feister Mann mit freiem Oberkörper und schmutzigem Gesicht auf den Felgen herum und setzte so den schlauchlosen Reifen wieder instand. Sein Betrieb bestand aus einer Bretterbude, einer Brechstange und einem Hammer. Mehr brauchte er nicht, um die Reparatur auszuführen. Die Achsen haben wir dann in einer größeren Werkstatt reparieren lassen. Auch das war keine große Sache. Ein bisschen schweißen, ein paar Bolívar, weiter ging es.

Genauso einfach läuft es jetzt auch in Peru. Eine kleine Werkstatt setzt im Nu einen neuen Schlauch ein, und schon ist das Problem aus der Welt.

Für die paar Kilometer durch die Vororte von Lima brauchen wir Stunden. Und das bei 40 Grad Hitze. Zwischen den stinkenden Bussen gibt es kaum ein Durchkommen. Hupen, schimpfen, schwitzen, Stau. Die Straße wird zum Anarchisten. Zwischen zwei Lkws eingesperrt, rollt der Truck hinter mir direkt auf mich zu. Ich trommle heftig gegen seine Blechschnauze, damit der Fahrer aufwacht und auf die Bremse tritt.

Langes Stehen bei solcher Hitze mögen die Harleys gar nicht. Ohne Wasserkühlung fühlt es sich an, als würde man auf einem Heizkessel sitzen. Feuerstuhl und Ofen bekommen eine neue Bedeutung. Wenn sich eine Gasse zwischen der Blechlawine auftut, kann man ein paar Meter gutmachen bis zur nächsten Engstelle. Dort werden wir wieder gegrillt, und der Schweiß rinnt in die Augen.

Die erste Adresse, die wir in Lima ansteuern, heißt Harley Peru. Es soll einen 10 000er-Check geben, danach dürfen die Zweiräder dort ein Jahr ausruhen. Jeder gibt den Mechanikern Anweisungen für kleine Reparaturen und Verbesserungen. Da die Reifen runter sind, wähle ich einen Mantel aus, der mehr Grip

Rechts: Freundliche Schwestern, die ihrer Mutter an der Tankstelle zur Hand gehen.

Rechts: Und ist der Ort auch noch so klein, einen Bolzplatz gibt es immer.

hat. Ein nasser Andenpass ist eben kein geleckter Highway, der schnurstracks durch Arizona führt.

Tour 8, 2018

Julio fährt mit 120 Sachen direkt vor mir. Von seiner Lederkutte starrt ein Totenkopf in meine Richtung, eingerahmt von Zylindern, Flügeln und dem Harley-Peru-Schriftzug. Seine 400 Kilo schwere CVO Limited glänzt in der Sonne und führt einen Konvoi von Bikes an. Solche großvolumigen »hogs« mögen nicht so kurvenfreudig sein, machen aber einiges her.

Wilber, der Chef von Harley Peru in Lima, hat diese Tour mit seinem Motorradclub organisiert und uns eingeladen, daran teilzunehmen. Seine Niederlassung hatte die kleineren Reparaturen an unseren Mopeds ausgeführt und sie trocken untergestellt. Nach einjähriger Standzeit wurden immer 1000 Dollar Garagenkosten fällig, doch Wilber wollte kein Geld dafür annehmen. Er freute sich einfach, dass ein paar Typen aus Deutschland mit den richtigen Bikes durch sein Land fahren.

Links: Perus Küstenstraße ist 2500 Kilometer lang. Borkenkäfer hätten hier nur wenig Freude.

Rechts: Übersetzt heißt Tortuga Schildkröte. Die Bucht, an der dieser kleine Ferienort liegt, sieht von oben so aus.

Sein Manager Enrique hat sich in den letzten Wochen mit unseren Zollformalitäten herumgequält, allein heute saß er sieben Stunden für uns in der Behörde, wobei der Papierstapel auf eine Höhe von fünf Zentimetern angewachsen war. Enrique, ein Riese mit vernarbtem Gesicht und Totenkopfringen, hatte es mit seinem imposanten Habitus geschafft, den Zollbeamten nach der Schicht in den Harley-Shop zu bitten, um dort seine letzten Stempel auf die Dokumente zu setzen.

Im ersten Morgenlicht gab es vor der Niederlassung ein Treffen mit 20 Mitgliedern des Clubs. Der kleine Parkplatz füllte sich mit glänzenden Maschinen und kräftigen Kerlen in Lederjacken – echte Harlistas. Überall prangte das Harley-Logo: Schuhe, Helme, Shirts, Kopftücher. Selbst Schlüsselanhänger kommen nicht ohne das Emblem aus Milwaukee aus. Größere Fans kann eine Marke nicht haben.

Und so stampfen wir in einem Pulk durch die Neun-Millionen-Stadt Lima bis an die Küste und dann die »1« Richtung Süden. Kurz vor Pisco, in einer Raststätte an der Autobahn, gibt es noch ein gemeinsames Essen und viel Schulterklopfen. Männer mit Tattoos und breitem Kreuz – alle wahnsinnig nett. Julio, ein Clubmitglied der ersten Stunde, schaut sich unsere Reiseroute an und gibt uns ein paar Tipps.

Die Biker von Harley Peru sind echte Harlistas. Am Wochenende gehts raus aus der Stadt an die Pazifikküste oder in die nahe gelegenen Anden.

Wir wollen die Panamericana hier verlassen und weiter östlich Machu Picchu mitnehmen, später dann durch Paraguay fahren. Der offizielle Weg würde an der Küste entlang weiter bis nach Valparaiso in Chile führen. Im 90-Grad-Winkel ginge es dann rüber nach Buenos Aires.

Bis hierhin war die Panamericana ein treuer Begleiter, hatte gehalten, was sie verspricht. Sie hat sich gewunden und gestreckt, war angestiegen und ist je ins Tal gefallen, war gesperrt und umgeleitet worden. Manchmal war sie in beißende Abgase gehüllt, und selten hatte sie nur uns getragen. Richtig garstig war sie nur mit ihren Schlaglöchern – die können einem glatt das Genick brechen. Jeder von uns hat die eine oder andere Senke zu spät gesehen. Taucht die Kiste zu schnell in so ein Loch ein, wird das Motorrad zum Rodeopferd. Die Stoßdämpfer stauchen krachend zusammen und der Fahrzeugrahmen knallt auf den Asphalt. Mit einem Riesensatz geht es dann zurück auf die Fahrbahn. Auf den nächsten Kilometern bist du dann wacher, als dir lieb ist.

Einmal löste sich die Straße sogar in Luft auf – direkt vor uns. Die Fahrbahn wurde gesprengt. Es brauchte Stunden, bis sich der Staub legte und wir weiterfahren konnten. Dann dieses herrliche Gefühl, wenn du wieder freie Fahrt hast. Du drehst am Gashahn und bist froh, dass es weitergeht. Der Fahrtwind bläst dir die schlechte Laune aus der Seele. Wie ein Boot, das sich mit zunehmender Geschwindigkeit aus dem Wasser hebt und anfängt zu gleiten, so schwebt dein Zweirad über die Fahrbahn. Dafür sind wir hergekommen und wollen die Panamericana nur ungern im Stich lassen. Später in Argentinien wird es aber ein Wiedersehen geben.

Der Anfang der Panamericana lag ursprünglich in Texas, an der Grenze zu Mexiko. Je nachdem, welchen Quellen man glaubt und welcher Staat Ansprüche geltend macht, beginnt sie heute in Alaska und endet im Süden Feuerlands.

Die Idee von einer kontinentübergreifenden Schnellstraße entstand 1923 auf der 5. Internationalen Konferenz der Amerikanischen Staaten, 1936 wurde das Bauwerk vertraglich besiegelt. Seitdem entstand nach und nach die längste Straße der Welt, die beide Kontinente mit einer durchgehenden Straße verbindet. Doch genau genommen gibt es den Pan-American-Highway gar nicht. Es sind 1000 verschiedene Straßen, die sich aneinanderreihen: Autobahnen, Landstraßen, Pisten mit unterschiedlichsten Straßenbelägen. Asphalt, Beton, Bitumen, Teer oder Kopfsteinpflaster. Manchmal sind es auch nur Sand- oder Schotterwege.

Cocktail mit Eischaum

»Pisco wird bei uns seit 400 Jahren getrunken«, behauptet der Wirt. »Im Nachbarland Chile will man das nicht wahrhaben, sie bestehen darauf, die Ersten gewesen zu sein.« Wir sitzen in einer schummrigen Bar im Zentrum Piscos und probieren einige Traubenschnaps-Variationen. Zunächst der Klassiker, Pisco sour mit Eischnee, dann andere Longdrinks. »Probiert mal Pisco mit Birne, dazu geröstete Mandeln, Gurke und Honig«, empfiehlt der Wirt.

Am nächsten Tag kauft Peter Diamox-Tabletten gegen die Höhenkrankheit, denn jetzt liegen die Bergpässe der Anden vor uns. Nach dem vielen Schnaps wären mir Kopfschmerztabletten lieber gewesen.

HARLEY PERU
DESDE
1998
LIMA
QUITO
RIOBAMBA
ECUADOR
AYACUCHO
MENDOZA
PASO DE JAMA
ARGENTINA
CUSCO
RUTA SUR
3,800 Km
2,050 Km

Coca-Cola
CALDO DE
CORDERO
GALLINA
RESTAURANT

Erste Begegnung mit den Anden

Die Eingangstür des kleinen Restaurants steht weit offen, sodass der eisige Wind Schneeflocken in den Speiseraum wirbelt. Hinter dem Verkaufstresen lungert ein Mann, der aussieht, als würde er gleich eine Bank überfallen. Seine schwarze Wollmütze hat er über das Gesicht gezogen und schaut durch einen Sehschlitz in die Ecke des Raumes, wo auf einem Fernseher »Alarm für Cobra 11« läuft. Wie üblich ist der Ton so laut gedreht, dass es in den Ohren wehtut.

An einem Tisch davor sitzt ein Paar mit einem Baby im Arm und isst. Auch sie verfolgen gebannt die deutschen Actionhelden. Durchgefroren pflanzen wir uns an einen Nebentisch und bestellen Hühnersuppe. Die Gaststätte befindet sich auf gleicher Höhe mit dem Gipfelkreuz des Matterhorns, auf 4400 Metern. Hinter uns liegt ein schwieriges Wegstück mit Schneegestöber und Glatteis. Doch der schlimmste Teil kommt erst noch: Nebelbänke mit Sichtweiten unter zehn Metern und weiter unten im Tal wartet ein Sturzregen.

Fast elf Stunden hocken wir an diesem Tag auf den Böcken, für gerade mal 340 Kilometer. Immer hat es einen Grund gegeben, anzuhalten. Tanken, rauchen, pinkeln, Fotos machen, auf die Karte schauen, Brille putzen, Kleider wechseln, essen . . . Vielleicht ist es aber auch einfach die Kälte, die uns sagt: Mach eine Pause, die Hände frieren dir sonst ab.

Es ist stockdunkel und es gießt in Strömen. Vor mir kann ich nur Detlefs schemenhaftes Rücklicht erkennen. Rauscht der den Abhang herunter, würde ich stoisch hinterherfahren. Jeder vernünftige Mensch würde anhalten. Zu gefährlich! Wahnsinn! Doch die Alternative wäre, hier in der nassen, eisigen Dunkelheit zu stehen, und dann?

Als wir übermüdet in Ayacucho einrollen, ist die Konzentration auf dem Nullpunkt. Dort passiert es dann. Peter und Tommy stürzen auf das nasse Kopfsteinpflaster. Gut, dass die beiden einen Sturzbügel haben – das sieht zwar nicht cool aus, hilft aber ungemein. Fällt die Kiste auf die Seite, können Beine, Füße, Hüfte, Schulter Schaden nehmen, selbst bei geringer Geschwindigkeit. Auch diverse Teile müss-

Oben: Unsere Kleidung stößt an ihre Grenzen.

Links: Das Sazón y Sabor (Aroma und Geschmack) liegt in eisigen Höhen.

Karte: Der Ausschnitt unten zeigt, wie sich die Straße durch die Anden schlängelt.

Links: Alpakas sind soziale Tiere, die in großen Herden leben. Ihre Wolle zählt neben Seide und Kaschmir zu den weltweit begehrtesten und kostbarsten Geweben überhaupt und wird in Südamerika als »Vlies der Götter« bezeichnet.

Höhenlagen zwischen 3700 und 5500 Meter machen den Tieren nichts aus, da sie ein dichtes Fell mit einer ausgeprägten und feinen Unterwolle besitzen. Ihre Zotteln können bis zu 50 Zentimeter lang werden.

Oben: Der Wandschmuck in Werkstätten scheint auf der ganzen Welt gleich zu sein.

Unten: Dieser Heizstrahler kann gegen die Kälte im Hotelzimmer nicht viel ausrichten.

Rechts: Als Machu Picchu entdeckt wurde, änderte sich die Bedeutung von Cusco. Die Stadt entwickelte sich zum größten Touristenzentrum Perus.

ten dran glauben: Schalthebel, Blinker, Seitenbleche. Selbst die Packtaschen können hilfreich sein. Zumindest fangen sie im Heck ein bisschen was ab.

Zen und die Kunst ein Motorrad zu warten

Peters Maschine läuft nur noch auf einem Pott. Man sollte meinen, dass die Hälfte von 1600 Kubikzentimetern reichen müsste, um 400 Kilo zu bewegen, aber so einfach ist es nicht. Wie eine alte Dampflok schleppt sich die Fat Boy durch die hügelige Landschaft und schafft es nach Ayacucho in eine Werkstatt. Dort machen sich die Mechaniker, Spezialisten für Tuk-Tuks und Motorräder sofort ans Werk. Doch den Fehler können sie selbst nach Stunden nicht ausmachen. Vielleicht hat der zweite Sturz, den Peter heute Morgen hingelegt hatte, ein Kabel beschädigt? Zu sehen sind nur ein paar Kratzer und ein gebrochener Haltebolzen am Zylinder. Harley Peru in Lima wird kontaktiert, kann aber keine Ferndiagnose geben. Frustriert geben die Schrauber auf, wollen aber nicht bezahlt werden. »Kein Erfolg, kein Geld«, sagen sie. Zum Dank laden wir die gesamte Belegschaft am späten Abend in eine Pizzeria ein.

Die Fat Boy hält noch tapfer bis Andahuaylas durch. Dann ist Schluss. Mit einer Spedition lässt Peter den Patienten nach Lima schicken, wo die Profis den Fehler finden sollen. Auch einen Monat später hat Harley Peru den Fehler nicht lokalisieren können. »Läuft doch«, sagt der Mechaniker. Enrique macht sogar eine 500-Kilometer-Testfahrt: nichts! Vielleicht ist einfach Feuchtigkeit in die Elektronik eingedrungen, oder, oder, oder …

Peter fährt mit dem Taxi nach Cusco und will uns nach Machu Picchu begleiten. Als wir ihn zwei Tage später in Cusco treffen, hat er Fieber und Schüttelfrost. Dort teilt er uns den folgenschweren Satz mit: »Für mich ist die Reise hier zu Ende.« Schweigen! Wir brauchen etwas, bis wir verstehen, dass wir jetzt nur noch zu viert sind. Sehr schade.

Cusco, Nabel der Welt

In der Früh schiebe ich die muffige Bettdecke zur Seite und schäle mich aus dem Bett. 5:50 Uhr steht auf dem Handy. Im Zimmer ist es frostig wie in einer Kühlkammer. Durch die beschlagenen Fenster sickert das erste Licht und macht die Atemluft sichtbar. Duschen will ich später, denn das Wasser ist noch eiskalt. Ungewaschen schleiche ich leise durch die Flure des Tambo Hotels, vorbei an unseren Mopeds, die wir gestern Abend in den Flur schieben durften, da es keinen sicheren Parkplatz gibt. Auf der Straße vor dem Hotel qualmen die ersten Busse im Morgenlicht. Frühaufsteher, eingehüllt in dicke Jacken, eilen mit hochgeschlagenen Kragen an mir vorbei. Die Stadt erwacht.

Einst war Cusco die Hauptstadt der Ureinwohner Südamerikas. Als der erste Inka Manco Cápac den Ort um 1200 auf Befehl des Sonnengottes gründete, nannte er ihn »Qusqu«, Nabel der Welt. Jeder Schritt durch seine Straßen atmet Geschichte. Hier ist der spanische Conquistador Pizarro vor 500 Jahren einmarschiert und hat Atahualpa, den letzten Herrscher des Inkareichs, getötet. Heute können unzählige koloniale Baudenkmäler und Sehenswürdigkeiten bestaunt werden, die auf den Fundamenten der alten Tempel errichtet wurden. Die Straßen tragen noch heute die alten Namen: Siete Culebras (Sieben Schlangen) oder Arpías (Harpyien, der größte Greifvogel der Welt).

Highlight
Imposante Bergstraße mit schneebedeckten 5000ern als Kulisse. In Chincheros gibt es eine Kirche aus dem Jahr 1607 zu bewundern.

PERU
X2Q-405

Machu Picchu

Da von den Weltwundern der Antike nur noch die Pyramiden von Gizeh erhalten sind, wurden in einer internationalen Onlinebefragung sieben neue Weltwunder gewählt. Allein drei der ausgewählten Objekte vergangener Epochen stehen in Lateinamerika: die Erlöserstatue in Rio de Janeiro, Chichén Itzá in Mexiko und die Inka-Ruinenstadt Machu Picchu.

Über Machu Picchu, das wohl berühmteste Baudenkmal Südamerikas, schrieb der junge Missionarssohn, Historiker und Archäologe Hiram Bingham 1911 in sein Expeditionstagebuch: »Aberdutzende zerfallene Gebäude, Paläste, Tempel, Wohnhäuser und Wachposten. Allesamt aus prachtvoll behauenen Granitblöcken.« Binghams Expedition sollte die Geografie des peruanischen Hochlands erkunden. Am Ende stand die unverhoffte Entdeckung einer erstaunlichen archäologischen Fundstätte. Bis heute streiten sich die Gelehrten über die Funktion der Anlage. War sie eine Pilgerstätte, ein Zentrum religiöser Zeremonien, wie Bingham vermutete? Diente sie den Inka-Herrschern als Sommerresidenz? Suchten sie hier Zuflucht vor dem rauen Klima im fast 1000 Meter höher gelegenen Cusco?

Kulturinteressierte strömen in die Ruinenstadt und wollen genau an dem Punkt stehen, wo die ikonografischen Fotoaufnahmen gemacht werden. Selbst die UNESCO nutzt dieses Motiv als Aufmacher für ihre deutsche Website: Im Vordergrund die Terrassen mit den glatt geschliffenen Steinen, ringsum die majestätischen Gipfel des Huayna Picchu. Solche Popularität hat natürlich seinen Preis. Täglich fallen Tausende von Besuchern aus der ganzen Welt ein, um über das Weltkulturerbe zu klettern. Ganze 90 Prozent ihrer Einnahmen schöpft die peruanische Tourismusindustrie aus der Inka-Stadt. Allein die Eintrittsgelder bescheren dem Schwellenland jährlich etwa 20 Millionen Euro.

Um nach Machu Picchu zu kommen, gibt es drei Möglichkeiten: mit dem Zug, einem Bus oder auf einer mehrtägigen Wanderung. Unser Zeitkontingent lässt nur die Anreise mit PeruRail zu, der Zug braucht drei Stunden von Poroy zur Kultstätte. Von gepolsterten Ledersitzen aus beobachten wir die raue Andenlandschaft und den reißenden Urubamba-Fluss durch die Panoramafenster. Auf die nervtötende Panflötenmusik, die aus Boxen plärrt, hätten wir allerdings gut verzichten können.

Eingebettet in einem tiefen Tal liegt der Zielbahnhof Aguas Calientes. Dort ist alles auf Kommerz getrimmt. Souvenirs, Speisen, Getränke, Hotels auf jedem Meter – Disney World lässt grüßen. Unweit des Bahnhofs fährt ein Bus über eine Serpentinenstraße zur Anlage. Wer Zeit hat und gut zu Fuß ist, kann den Hang über 1700 Stufen nach oben laufen.

Hinter dem Kassenhäuschen führt ein kleiner Weg auf eine Anhöhe. Der Blick von dort auf Machu Picchu muss selbst den größten Kulturbanausen überwältigen, denn die Anlage wirkt imposanter als vermutet. Durch die Ruinen zu schlendern macht Spaß, da es eine Reise in eine fremde Welt ist. Gut dem, der schwindelfrei ist, denn an einigen Stellen geht es bedrohlich steil in die Tiefe.

Links: Behausungen Machu Picchus, die mit Reetdächern gedeckt waren. Im Hintergrund »Junger Gipfel«

Mitte: Weltberühmter Blick auf die Ruinenstadt

Rechts: Rund um die Touristenattraktion grasen Alpakas.

Auf der Rückfahrt zeigt sich noch einmal der Geschäftssinn der Peruaner. Ein Narr mit alberner Maske hüpft durch den Mittelgang des Zugabteils, gefolgt von Bahnbediensteten, die Alpaka-Mode präsentieren. Wer es weniger turbulent mag und gut bei Kasse ist, kann auch glamourös im Luxuszug »Hiram Bingham« reisen – mit Champagner und einem Vier-Gänge-Menü. Kosten: 800 US Dollar.

Titicacasee

In meiner Kindheit gab es zwei Seen, die einen mystischen Klang hatten: der Silbersee, der Karl Mays Fantasie entsprungen ist, und der Titicacasee, Heimat der Uros und von Papa Langstrumpf. Jetzt war eines dieser Gewässer greifbar. Vor uns liegt der Titicacasee, hoch gelegen und fast so groß wie Korsika. Dunkle Wolken hängen tief über dem glatten Wasser. Im Juni ist es hier kalt und nass – kein Wunder, im peruanischen Winter auf einer Höhe von 3800 Metern. Auf keinen Fall wollten wir wieder im Februar reisen, da uns die Regenzeit in den letzten Jahren kräftig zugesetzt hatte. Ein Harlista hatte uns erzählt, dass es hier im Sommer (Oktober bis März) Regengüsse gibt, die Brücken und Straßen mit sich nehmen. Da ist tagelang nicht ans Weiterfahren zu denken. Jetzt sollte es eigentlich trocken sein – eigentlich! Doch das Ergebnis ist ernüchternd. Täglich Wolkenbrüche. Zugegeben, nicht in bedrohlicher Menge wie im Sommer, dafür aber deutlich frostiger. Die Häuser am Straßenrand sind verwaist, fensterlos und unfertig. Aus den oberen Betondecken ragen Armierungseisen in den grauen Himmel und warten auf bessere Zeiten. Fassaden sind mit Wahlparolen beschmiert, auf denen Parteien oder Politiker für mehr Gerechtigkeit werben. Weit und breit ist keine Menschenseele zu sehen, kein Restaurant oder Café, wo man sich aufwärmen kann. Alles wirkt trostlos und verlassen.

Links: Parallel zur Straße fährt die peruanische Südbahn. Sie verbindet die Titicaca-Region mit der pazifischen Küste.

Rechts: Die Kleidung der indigenen Frauen in Bolivien besteht aus einem Hut und der »pollera«, einem Überrock, unter dem bis zu zehn Unterröcke getragen werden.

Mitten im See liegt die Insel Isla del Sol, die »Sonneninsel«. Der Legende nach erschuf der Sonnengott Inti dort seinen Sohn Manco Cápac aus dem Schaum des Titicacasees. Später wurde dieser der erste Herrscher der Inkas.

Hinter der Grenze, auf der bolivianischen Seite, wird es besser. So habe ich mir den Titicacasee in meiner Kindheit vorgestellt. Keine Gebäude versperren den Blick auf den See und die weißen 6000er, die am Horizont in der Sonne blitzen.

Das Akapana Hotel in Tiahuanaco bietet Platz für mindestens 100 Gäste, doch wie so häufig sind wir die einzigen Besucher. Es ist kalt, eine Heizung gibt es nicht. Voll bekleidet, mit roten Nasen, kauen wir im Speisesaal auf einem zähen Lamasteak herum und trinken heißen Kokatee. Nichts Ungewöhnliches in Peru und Bolivien, dort sind Kokablätter legal im Angebot. Selbst in der Hotellobby liegen welche aus – wer mag, kann sich bedienen. Im Shop nebenan liegen sogar Bonbons und Schokolade mit Koka in der Auslage.

»Koka gibt uns Kraft bei der Arbeit«, beteuern die hiesigen Lkw-Fahrer. Kauende Trucker mit prall gefüllter Wange fahren häufig neben uns und machen einen seligen Eindruck. Dass Kokain ihr Fahrvermögen beeinflusst, will hier keiner wahrhaben. Versuche, die Droge am Steuer zu verbieten, sind immer wieder gescheitert. Selbst ein Alkoholverbot für Berufsfahrer war nicht durchsetzbar. Vor ein paar Jahren hatte die Regierung über eine Gesetzesänderung nachgedacht, worauf die Taxi- und Busfahrer sofort in den Streik traten.

Neben Rauschmitteln gibt es ein weiteres Problem auf bolivianischen Straßen, das Zweiradfahrer kennen sollten: Brummis überholen auch an den unmöglichsten Stellen und fahren selbst in Kurven nebeneinander. Wer träumt und bei Gefahr nicht auf den Seitenstreifen ausweicht, hat ein Problem.

Bis jetzt waren die Fahrer in Lateinamerika zwar keine Kinder von Traurigkeit, benahmen sich aber im Großen und Ganzen gesittet. Probleme wie in Indien, wo die Vorfahrt von Größe und Gefährt abhängt, haben wir bis jetzt nicht erlebt. In Bolivien geht es aber schon derber zur Sache.

Panamericana Hotel

Caracollo ist eines dieser typischen Schmuddelnester an einer Straßenkreuzung, wo Brummifahrer eine Pause einlegen und Busreisende sich die Beine vertreten. Neben Tankstelle, Werkstatt und ein paar Krämerläden mit Plastikstühlen davor gibt es nichts zu sehen. Keiner würde auf die Idee kommen, länger als für ein Essen oder einen Tankstopp zu bleiben, wenn es nicht unbedingt sein muss. Wir sind aber genau dazu verdammt, denn ein eisiger Sturzregen hält uns gefangen.

Bis jetzt sind wir in rund 100 Unterkünften abgestiegen. Dabei waren Fünfsternehotels, einfache Gasthäuser oder Privatunterkünfte. Das Panamericana Hotel liegt weit abgeschlagen, im unteren Qua-

Links: Der La-Raya-Pass im Altiplano-Gebirge. Alles, was auf dem Markt angeboten wird, wurde aus Alpakawolle hergestellt.

Rechts: Der Bahnhof und die Kirche Señor de la Caña von La Raya wirken wie Spielzeug.

BIENVENIDOS
"SEÑOR DE LA CAÑA"

litätssegment. Zur Straße hin ein Kiosk, mit den typischen Auslagen: Softdrinks, Kekse, Chips und Zigaretten, die auch einzeln verkauft werden, dahinter ein Wohn- und Esszimmer, das auch als Lager dient. Zwischen den Kartons schaut die Hausherrin mit ihren kleinen Mädchen den Trickfilm »Der König der Löwen« im Fernsehen. Gibt es Kundschaft, geht die Mutter die drei Meter zum Verkaufstresen, bedient und setzt sich wieder aufs Sofa. So sieht Homeoffice in Bolivien aus.

Die Gästezimmer sind auf den Etagen verteilt und haben den Charme einer Gefängniszelle. Einfache Betten und eine nackte Glühbirne, die von der Decke baumelt. Eine Dusche gibt es im ganzen Haus nicht. Wer sich waschen oder auf Toilette will, geht auf den Hof und nutzt das Gemeinschaftsklo.

Am nächsten Morgen erhalten wir die Gesamtrechnung für Zimmer, Bier, Kaffee, Brötchen, Kekse und diverse Süßigkeiten: neun US-Dollar.

Schneepass

Gleich hinter Caracollo wartet die erste echte Fahrprüfung. Abenteuer pur! Die aufgehende Sonne tanzt auf der spiegelglatten Straße, der Himmel ist strahlend blau und die Luft so dünn wie in einem Base Camp. Neben der Straße, die auf 4500 Meter ansteigt, fällt das Gelände steil bergab in eine baumlose Tiefe. Wer hier ins Schlingern kommt und die Fahrbahn verlässt, stürzt ins Bodenlose, denn Leitplanken gibt es nicht. Rechts von uns erstreckt sich ein riesiges Tal, aus dem sich namenlose Berge erheben. Schnee liegt wie Puderzucker auf den Hängen. Gegen die Kälte helfen eine Skibrille und ein dicker Schal. Ich habe es geschafft, zwei Handschuhe übereinanderzuziehen, ein Paar hält den Frost nicht fern.

Wir treffen keine Fahrzeuge, nur verschneite Raupen und Bagger am Straßenrand. Nach einigen Kilometern wird der Highway 4 zur Schotterpiste – die ist zunächst griffiger. Als die Temperatur über den

Links: Einfachste Unterkunft in Caracollo

Rechts: Fahrübungen vor unserem Hotel Panamericana

BOLIVIEN

Bolivien bietet Abenteuer pur. Über die schneebedeckten Anden und das tropische Tiefland. Und natürlich der Titicacasee.

Gefrierpunkt steigt und der Boden auftaut, verwandelt sich die Fahrbahn in eine Schlammpiste, teilweise ist der Untergrund so weich, dass die Räder halb im Matsch versinken. In der Regenzeit wäre diese Strecke nur mit einem Crossbike zu meistern.

Streik

Mit einem Mal ist Schluss, nichts geht mehr. Stau! Kilometerweit schleichen wir auf dem schmalen Seitenstreifen an den wartenden Lkws vorbei, bis zur Stauursache. Dort versperren etwa 40 Demonstranten die Fahrbahn. Ohne Transparente und Parolen stehen sie stoisch auf der Straße. Wortlos, einfach so. Trotz der Demo herrscht eine beängstigende Stille.

Etwas abseits haben sich einige Polizisten postiert. Auf die Frage, warum sie die Blockade nicht auflösen würden, antworten sie nur: »Zu gefährlich.« Die wartenden Fernfahrer erzählen eine andere Geschichte: »Die sind alle vom Staat bezahlt. Die tun so, als würden sie gegen die großen Konzerne im Lande demonstrieren, die zu wenig ans Volk abgeben würden.« Ein genervter Autofahrer macht uns wenig Hoffnung: »Im letzten Monat standen wir hier ganze drei Tage.«

Gegen Abend gibt es die ersten Hupkonzerte – Aufruhr liegt in der Luft. Ein Demonstrant schaut flehend zu dem Polizisten, der die meisten Sterne auf den Schultern trägt. Der legt demonstrativ eine Hand auf seine Pistole, und die Menge wird wieder ruhiger.

Acht Stunden später ist der Spuk vorbei, und die riesige Blechlawine setzt sich in Bewegung. Hektik macht sich breit, denn jeder will die verlorene Zeit wiedergutmachen, und so prescht der Konvoi mit Vollgas in die Dunkelheit.

Che: »Solidarität ist die Zärtlichkeit der Völker.«

Direkt hinter Cochabamba fällt die Straße jäh bergab, von 2500 auf 100 Meter über den Meeresspiegel. Unten im Tal hängen Nebelschwaden in den tropischen Baumwipfeln. Dahinter liegen zwei Nationalparks. Im Norden, am Rande des Amazonasregenwaldes, der Isiboro-Secure und im Süden der Carrasco. Sie sind nicht nur die anerkannte Heimat von drei

Rechte Seite: Der Weg nach Cochabamba ist nichts für Warmduscher.

Links: Frostiger Morgen im Hochland der Cordillera Septentrional

Highlight

Hinter Caracollo wird es abenteuerlich. Die Straße führt über Pässe, die 4500 Meter hoch liegen. Dann geht es steil bergab, bis nach Villa Tunari, das inmitten des bolivianischen Dschungels liegt.

indigenen Völkern, sondern auch der Lebensraum von Puma, Jaguar, Riesengürteltier, Tapir und Brüllaffe. Von den geschätzt 3000 bis 5000 Pflanzenarten, die es dort geben soll, sind bisher nur 600 Arten gefunden worden.

Südlich des Amboró-Nationalparks hatte sich 1967 Che Guevara in den bewaldeten Berghängen zurückgezogen und lieferte sich Scharmützel mit Regierungstruppen. Er hatte auf die Unterstützung der Bauern, Bergarbeiter und Indigenen gehofft, doch die wollten sich dem Revolutionär nicht anschließen. Einer seiner Getreuen, Pacho, notierte in sein Feldtagebuch: »Es ist Mitternacht und heute ist uns der einzige Freiwillige zugelaufen: ein Hund.« Chancenlos kämpfte er am Ende mit einer Handvoll Gefolgsleuten und wurde in der Nähe von La Higuera verwundet. Nach seiner Festnahme hatten ihn seine Gegner ohne Gerichtsverhandlung exekutiert und in Vallegrande der Presse vorgeführt. Dabei entstand das berühmte Foto von seinem Leichnam, der Guevara wie Jesus aussehen lässt. Um jede Spur zu verwischen, wurden dem Guerillaführer später die Hände abgetrennt und seine sterblichen Überreste anonym verscharrt.

Links: »Herbie« lebt.

Rechts: Abgelegen und schwer zu erreichen liegt im Süden von Amazonien die Großstadt Santa Cruz.

Morales Subventionen

Der sozialistische Präsident Morales hätte vielleicht Che unterstützt. Auch er kämpft für die Souveränität der Indigenen und der Arbeiter und lehnt den kapitalistischen Klassenfeind ab. Als kleinen Seitenhieb an missliebige Ausländer verfügte er unlängst, dass es zwei Benzinpreise in Bolivien geben soll. Einheimische dürfen subventioniert tanken, Touristen sollen das Dreifache bezahlen. Doch im Osten des Landes gibt es Probleme mit dem Kontrollsystem. Der Tankwart muss die Nummernschilder der Kunden in einen Computer eintragen, die später mit den Bildern der Überwachungskamera abgeglichen werden. Mit unseren US-Nummern ist das System aber überfordert – tankende Gringos sind nicht vorgesehen. Da die Pächter Angst vor den Konsequenzen haben, will uns keiner Sprit verkaufen.

Zum Glück gibt es aber wie immer einen Ausweg: Wir stellen das Motorrad außerhalb des Kamerasichtfeldes ab und schleichen mit einem Benzinkanister zehnmal hin und her. Solch kleine Mengen werden nicht registriert.

Heiliges Kreuz der Berge

Herr B. prescht mit seinem alten Landcruiser durch die überfüllten Straßen der Millionen-Metropole Santa Cruz. Aufgebracht erzählt er von seiner Freundin, die vor ein paar Tagen von einem Raser angefahren wurde. »Sie war mit dem Fahrrad unterwegs und ein Mistkerl hat sie einfach umgenietet«, schimpft er. Bis jetzt haben wir noch keine Fahrräder in der Stadt gesehen, was vielleicht an den bolivianischen Fahrkünsten liegt. »Jetzt kämpft sie schwer verletzt im Krankenhaus um ihr Leben«, sagt Herr B. Warum er mit seinem Toyota ebenfalls wie der Teufel fährt, bleibt sein Geheimnis.

Herr B. lebt seit 15 Jahren in Bolivien und führt ein Speditionsbüro im Zentrum der Stadt. Seine Eltern haben sich in der Nachkriegszeit aus Deutschland abgesetzt. Ob sie NS-Anhänger waren, die sich in die hintersten Ecken Südamerikas verkrochen haben, wollte ich ihn nicht fragen, denn er half uns großzügig mit den Papieren und dem Storage.

Corona
cerveza

Links: Im Motorradclub »Sons of Liberty« sind auch Töchter willkommen.

Rechts: Der Kiosk in San José de Chiquitos verkauft keine Coca-Cola mehr. Ende 2012 schmeißt Bolivien den US-Getränkekonzern aus dem Land und verbietet den Vertrieb seines Erfolgsprodukts.

Oben: Das jüngste Mitglied der Gang ist 16 Jahre alt (links).

Unten: Viele Unterkünfte sichern ihren Parkplatz mit einer hohen Mauer ab, so auch das Hotel Yacuces.

Links: Kurz vor der Bahnstation Ferroviaria Oriental

Tour 9, 2019

Bolivien ist besonders strikt, was Zollbestimmungen angeht. Stehen Fahrzeuge länger im Land als erlaubt, drohen strenge Strafen. Da wir bereits ein Jahr über der Frist sind, brauchen wir einen Plan, denn die Kisten sind jetzt Steuersünder. Wie kommen wir also ohne Ärger mit den Behörden durchs Land und wie können wir die Grenze meistern? Dafür stehen 24 Schlagbäume zur Auswahl. Puerto Quijarro – Corumbá, die alte Schmugglergrenze nach Brasilien scheint die beste Option zu sein. Dort würde man eher nach Koks und Gold schauen als auf ein paar abgelaufene Steuerunterlagen, reden wir uns ein.

Über den peruanischen Motorrad Club gibt es einen Kontakt zu einer Bikergang aus Santa Cruz. Der Verbindungsmann Victor bietet an, einen Motorradkonvoi zu organisieren, der uns begleiten soll. In der Mitte des Pulks unauffällig nach Brasilien kommen, so ist der Plan. »So eine große Rockergruppe wird an der Grenze einfach durchgewunken«, meint er. »Das Beste wäre, wenn ihr bolivianische Nummernschilder anschraubt, damit fallt ihr weniger auf.« Von der ersten Idee sind wir begeistert, der Schilderwechsel ist uns aber zu heiß.

Das Clubhaus der Harlistas liegt im Stadtzentrum von Santa Cruz. Eine kleine Stichstraße führt in einen Innenhof, der mit Bikern und geputzten Motorrädern gefüllt ist. Chrom glänzt in der Morgensonne, etwas abseits stehen drei Frauen in Lederkutten und engen Jeans, alle lächeln. Hinter ihnen, auf der Hauswand, prangt ein mannshohes Logo: »Sons of Liberty«.

Victor löst sich aus der Gruppe und spricht ein paar Begrüßungsworte. Dann heißt es genug gequatscht und 14 Öfen werden gestartet und donnern Richtung Osten durch Santa Cruz.

Das Getöse der Motoren scheucht die Müdigkeit aus den Knochen. Kaum aus der Stadt, führt eine Brücke über den Río Grande. Auf Umwegen könnte man auf ihm bis nach Manaus schippern und weiter in den Norden, bis zum Orinoco-Delta.

Vor mir wird der Tross langsamer. Toms Forty-Eight hat Aussetzer und will nicht mehr starten. An einer nahe gelegenen Tankstelle wird ein Trucker angesprochen, der gerade seinen leeren Sattelschlepper betankt. Für ein paar Bolivianos ist er bereit, das Problemkind in die nächste Stadt mitzunehmen. Ein paar helfende Hände und schon ist der Ofen auf der riesigen Ladefläche fixiert, wo er ein bisschen wie ein Spielzeug wirkt.

Die Harlistas rufen unterdessen einen Mechaniker an, der in der Gegend mit seiner Familie Urlaub macht. »Einer der besten Harley-Schrauber des Landes, der in den USA sein Handwerk gelernt hat«, versichern sie. Und tatsächlich weiß er, was zu tun ist. Nach einer Stunde ist die Elektronik so weit manipuliert, dass der Motor wieder läuft. »So kannst du aber nicht ewig weiterfahren«, sagt der Mechaniker zu Tom, als der ihm 100 US-Dollar in die Hand zählt.

Schmugglergrenze nach Brasilien

Die Sons of Liberty mussten auf halber Strecke unerwartet umkehren. Blöd, jetzt haben wir wieder das alte Problem und sind auf uns gestellt. Dazu kommt die Sorge um Toms Moped. Mittlerweile fährt es nur noch auf einem Pott mit nur 70 Sachen. Doch das Projekt wollen wir später angehen, jetzt müssen wir erst einmal irgendwie nach Brasilien kommen.

Puerto Quijarro ist ein seelenloser Grenzort. Verwahrlost und dreckig. Am Schlagbaum ist zu sehen, dass der Verkehr für Tagespendler so durchlässig ist

Highlight
Die gigantische Tiefebene Pantanal bildet das größte Feuchtbiotop der Erde. Während der Regensaison (Dezember bis März) ist das Gebiet größtenteils überflutet.

BRASILIEN

Kaum ein Land löst solch eine Flut von Assoziationen bei uns aus: Karneval, Regenwald, Amazonas, Fußball und die berühmtesten Strände der Welt.

Links: Im Pantanal sollte man nicht schwimmen gehen. Überall lauern Kaimane.

Rechts: Eine Straße, die diese Bezeichnung kaum verdient. Was nach einer bequemen Kaffeefahrt aussieht, wird im Regen zu einer ungemütlichen Schlammschlacht.

wie eine Kirchenpforte am Ostersonntag. Kaum jemand wird kontrolliert. Jede Hilfe, Beratung und Recherche schmeißen wir spontan über den Haufen und fahren einfach rüber. Auf der anderen Seite wollen wir die Kisten abstellen, mit dem Taxi zurückkommen und dann offiziell die Aus- und Einreisestempel für die Reisepässe besorgen – so wären wenigstens wir legal in Brasilien. Ich spüre, wie mein Herz pocht. Jetzt eine Kontrolle wäre sicher sehr unangenehm. Doch es klappt. Ein kurzes Winken und wir sind drüben.

Auf dem ersten Ortsschild steht Corumbá. Dort fragen wir die Angestellten einer Bäckerei, ob sie uns bei unserem Grenzproblem helfen können. »Claro«, sagen die freundlichen Damen und organisieren einen bewachten Parkplatz und einen Fahrer. Der bringt uns zurück zur Grenze und wie geplant gibt es die gewünschten Stempel. Nur die Bikes sind jetzt nicht offiziell in Brasilien. Doch besser hier, als im sozialistischen Nachbarland.

In Brasilien überwachen Soldaten in Kompaniestärke den Verkehr. Hoffentlich gibt es jetzt keinen Ärger. Armeefahrzeuge mit Geschützen auf dem Dach, daneben schwer bewaffnete Kämpfer in Camouflage. Die Jungs meinen es richtig ernst. Ein Offizier prüft unsere Ausweise, an den Fahrzeugdokumenten ist er glücklicherweise nicht interessiert, und so können wir zum ersten Mal entspannt reisen.

Pantanal

Wie in Floridas Everglades durchschneidet eine schnurgerade Straße das Feuchtgebiet Pantanal. Lonely Planet schreibt: »Es gibt einige spektakuläre Gebiete auf der Welt, wo sich exotische Wildtiere in unberührter Natur zeigen. Das Pantanal gehört zweifelsohne zu den beeindruckendsten. Mit mehr als 210 000 Quadratkilometern erstreckt sich das größte Feuchtsavannengebiet der Erde über Zentralbrasilien, Ostbolivien und den Nordosten Paraguays. Mit der unvergleichlichen Artenvielfalt kann höchstens noch das Amazonasgebiet mithalten.«

Dort leben sagenhafte 50 Reptilien- und unzählige Vogelarten. Von der Straße haben wir immerhin Kaimane und Wasserschweine zu sehen bekommen. Wer einen der seltenen Jaguare treffen will, bräuchte allerdings mehr Zeit und Geduld als wir.

Reparatur und Rutschpartie

Es ist Montag, ein neuer Monat hat begonnen. Schon um die Mittagszeit sitzen in Miranda betrunkene Männer vor den Kneipen und Krämerläden. Auf dem Boden vor ihnen verteilen sich Kokablätter, Erbro-

2396 RX

BRASILIEN
Cerro Corá
National Park
Bela Vista
PARAGUAY
3
Yby Yaú
Santa Rosa
del Aguaray
San Estanislao
Asunción
8
Villarrica
8
Coronel
Bogado
1
Encarnación
50 km

chenes und leere Flaschen. Offensichtlich sind die Lohntüten gerade verteilt worden, und so kann der erste Arbeitstag getrost ausfallen.

Am Abend sind die Klamotten übersät mit toten Fliegen und Käfern. Hier scheint das große Insektensterben noch nicht eingesetzt zu haben. Während ich die sterblichen Reste von meiner Lederjacke kratze, organisiert Tom einen Termin bei Harley Davidson in Campo Grande, einem Ort, der etwas abseits unserer Route liegt. In der Früh will er sich aufmachen, um seinen Hobel reparieren zu lassen und plant dann, später wieder zu uns zu stoßen. Würde die Werkstatt scheitern, wäre auch Toms Reise zu Ende.

Die Sonne ist gerade aufgegangen und erste Lichtbündel dringen durch die Bäume in den Innenhof des Motels. Ein Tukan und ein roter Ara schauen zu, wie Tom seine Forty-Eight starten will. Doch das unermüdliche Nudeln verrät, dass die Kiste nicht erwachen möchte. Als die letzte Energie aus der Batterie gesogen ist, muss er einsehen, dass das nichts wird. Glücklicherweise ist schnell ein Pick-up organisiert und er kann sein Reparaturprojekt angehen. Jetzt sind wir nur noch zu dritt.

Kurz hinter der Stadtgrenze gibt es wieder ein technisches Problem. Diesmal macht Tommys Anlasser Ärger. Was ist hier los? Ein freundlicher junger Mann, der in einem Hotel um die Ecke arbeitet, ruft einen Mechaniker aus dem Ort an. Auf der Straße kann der aber nichts ausrichten, kennt aber einen Trick, wie man eine 1600er an bekommt: anschieben, auf den Sitz springen, zur gleichen Zeit den ersten Gang einlegen und Gas geben – ganz so, wie früher mit den Mokicks. Wow! Genauso haben wir es auch versucht, aber nie hinbekommen (allerdings im zweiten Gang). Da Tommy skeptisch ist, ob uns das auch gelingt, lässt er den Motor den ganzen Tag laufen, selbst beim Essen.

Der Platzregen hat gerade aufgehört. Obwohl sich am Horizont neue Gewitterwolken auftürmen, schälen wir uns heute das fünfte Mal aus den Plastikklamotten, denn darunter ist es heiß und schwitzig. Vor uns wartet eine Buckelpiste, die sich im Dschungel verliert. Rote Erde, riesige Schlaglöcher. Google Maps schlägt diese Route vor, daher fügen wir uns. Kurze Zeit später werden wir durchgerüttelt wie ein Kahn im Sturm. Und so schaukeln wir bis zum Rio Piripucu, wo es kein Weiterkommen gibt. In den Fluten liegt eine eingestürzte Brücke. Jetzt heißt es, alles zurückzufahren.

Kaum haben wir die Bikes gewendet, bekommt der Himmel wieder schlechte Laune. Es schüttet wie aus Eimern und der Boden wird seifig und unberechenbar. Riesige Pfützen entstehen. Selbst die vereiste Piste in den Anden hatte mehr Grip. Da die Harleys nicht für solch einen schlammigen Untergrund gemacht sind, wird es ungemütlich. Sollte Tommys Kiste jetzt ausgehen, wird es unmöglich sein, sie hier anzuschieben. Hoffnung auf Hilfe gibt es auf dieser Route wahrscheinlich kaum, da sie abseits liegt und die Leute aus der Gegend sicher wissen, dass die Strecke eine Sackgasse ist.

Merke: Google Maps ist eine feine Sache, bedingungsloses Vertrauen aber auch keine Lösung.

Oben: Tommy und Detlef nach dem Wolkenbruch

Links: Die Tafelberge im Norden laden zum Trekking ein. Doch Vorsicht, hier häufen sich bewaffnete Überfälle der »Paraguayischen Volksarmee«.

PARAGUAY

Da Paraguay keine Küste hat, ist das Land für Badeurlauber nur bedingt zu empfehlen. Dafür hat es aber ein angenehmes Klima und ist nur dünn besiedelt.

Paraguay

Tom ist wieder zu uns gestoßen, sein Moped konnte repariert werden. Die Werkstatt hat die komplette Steuereinheit ausgetauscht. Da es Wochen gedauert hätte, bis so ein Modul aus den USA eingetroffen wäre, haben sich die Schrauber bei einem Kundenfahrzeug bedient und dem Spender ein neues Teil bestellt. Glück gehabt!

Auch das nächste Problem ist am Abend aus der Welt: die Einreise nach Paraguay ohne Papiere. Ich frage einen Mann auf der Straße, wo denn die Grenze sei. »Wo genau willst du denn hin?«, fragt er. Als ich sage: »Nach Paraguay«, meint er: »Bist schon da.«

Ein bisschen Fahrerei durch die Stadt und am Ende sind wir wieder legal unterwegs. Die Dame, die unsere Ausreisestempel sehen will, macht nicht viel Wind, als sie sieht, dass es keine Dokumente gibt. Sie meint nur »ts, ts, ts« und macht ihre Stempel. Jetzt gibt es nur noch das Anlasserproblem. Tom, Tommy und Detlef fahren nach Asunción in eine Werkstatt, ich cruise zwei Tage allein herum und lasse die Hauptstadt rechts liegen. In einer Gruppe zu fahren ist prima, alleine hat aber auch seinen Reiz. Dann kann man anhalten, wann man will, tanken, wenn man muss, und einfach sein eigenes Tempo fahren.

Die Täufer aus den Tropen

Vor einem Krämerladen unterhalte ich mich mit einem älteren Mann in Latzhose und einem Cowboyhut. Sein kariertes Arbeitshemd ist trotz der Hitze bis oben zugeknöpft. Neben ihm sitzt sein Sohn und schweigt. Er schielt etwas und schaut unter seinem Basecap abwesend in die Ferne. Der Alte strotzt vor Kraft und fragt: »Wo kjemst du her? Hab jie uk Koo

Oben: Die San José Mehlmühle von Encarnación. Im Hintergrund sind der Grenzfluss Rio Paraná und Argentinien zu sehen.

Rechts: Lässiger Ford Falcon aus den 1960er-Jahren

in Dietschlaund?« Er spricht Plautdietsch, einen niederdeutschen Dialekt und erzählt, dass er Mennonit sei und mit seiner Gemeinde vor 20 Jahren nach Paraguay kam. Weltweit gibt es 1,6 Millionen von ihnen, die meisten in Afrika und Nordamerika. Nachdem die ersten Anhänger der evangelischen Freikirche während der Reformation verfolgt wurden, flohen sie von Friesland nach Preußen, später nach Kanada, Bolivien oder Mexiko, so wie die Familie dieser beiden.

Ich frage ihn, ob sie wie die Amische leben. »In Campo Uno, in Bolivien schon«, meint der Alte. Dort gibt es weder Zeitung oder Radio noch Fernsehen. Autos oder Busse sind auch verboten, selbst Fahrräder. Dort hört keiner Musik, treibt Sport oder liest ein Buch. Ihre Kinder haben weder Spielzeug noch Bälle und erst recht keine Ausbildung.

Im Gegensatz zu ihren bolivianischen Glaubensbrüdern gelten die Mennoniten in Paraguay als sehr fortschrittlich. Die Trachten haben sie abgelegt und die Pferdekutsche gegen den Geländewagen eingetauscht. Auch Handys sind in den Kolonien weitverbreitet, erklärt mir der Alte.

Im Zentrum des Landes leben die meisten der 25 000 Mennoniten ihr gottgefälliges Leben. Ihre privilegierte Stellung haben sie dem Diktator Alfredo Stroessner zu verdanken, dessen deutscher Vater in das südamerikanische Land ausgewandert war. Sie bemerkten allerdings nicht, dass sich Paraguay und die Kolonien zu einem Versteck für ehemalige Nazis und Verbrecher entwickelt hatten. So fiel ein Schatten auf die Gemeinden.

Nach dem Sturz des Diktators im Jahr 1989 wurde das Land politisch stabiler und sogar Mitglied im UN-Menschenrechtsrat. Seit der langjährige Diktator 2006 im brasilianischen Exil starb, ist Paraguay laut einer Umfrage des Meinungsforschungsinstituts Gallup häufig in den Top Ten der Nationen zu finden, in der die glücklichsten Menschen leben.

Am nächsten Tag treffe ich die Jungs wieder. Zwei Neuigkeiten gibt es: Tommys Anlasser konnte ersetzt werden und Tom hatte sich hingepackt. Er ist bei Rot über eine Ampel geprescht. Als er sah, dass ein Auto von rechts auf ihn zukam, stieg er voll in die Eisen und ließ sich auf die Seite fallen, um schneller zum Stehen zu kommen. Der Fahrer des Autos tat das einzig Richtige: Er gab Vollgas, um rechtzeitig wegzukommen. Außer ein paar Schürfwunden und ein paar kaputten Teilen ist nichts passiert.

Wieder zu viert cruist unsere kleine Karawane an blühenden Ackerlandschaften vorbei. Zwischen den Feldern stehen aufgeräumte Häuschen auf akkurat abgezirkelten Parzellen. Alles wirkt beeindruckend kultiviert. Colonia Friesland, Reinfeld, Hohenau verraten die deutsche Herkunft. Im Südwesten, wo das Einflussgebiet der Mennoniten abebbt, wird es spürbar ärmer. Zerlumpte Kinder, die im Müll spielen, dahinter einfache Hütten mit Wellblechdächern.

Erika und Walter

Die Grenze nach Argentinien ist Routine. Für die Ausreise braucht man nicht einmal abzusteigen. Wie im McDrive gehts an einem kleinen Fenster vorbei, und schon ist man auf der anderen Seite.

Im letzten Tageslicht erreichen wir Garupá, eine Siedlung, die mit ein paar Schritten durchquert ist.

ARGENTINIEN

Wer das Land vom äußersten Norden bis nach Ushuaia durchqueren will, braucht Zeit. Mehr als 4300 Kilometer Strecke liegen zwischen den beiden Enden. Dazwischen warten Gauchos, Rinder und jede Menge Pampa.

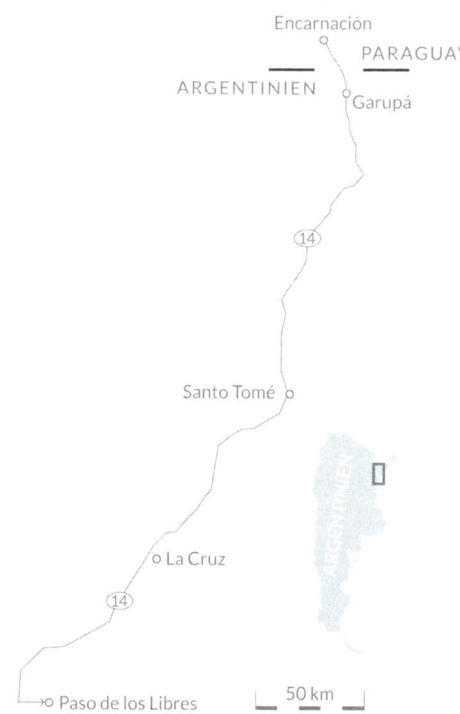

PARE
FALCON
SEO 730

In einem Krämerladen brennt noch Licht. Wir fragen den alten Verkäufer, ob er uns ein Sandwich machen kann. Er nickt und ruft seine Frau Erika aus dem hinteren Teil des Ladens. Als sie die Zutaten abwiegt, spricht sie ihren Mann mit Walter an. Detlef fragt, ob sie aus Deutschland seien. Beide nicken und bitten uns ins Haus.

Auf einem Küchentisch, der in einem Atrium steht, schmiert Erika die Brote und erzählt von ihren Großeltern, die vor langer Zeit nach Argentinien gekommen sind. Ob sie zu den Wolgadeutschen gehörten, die etwas weiter südlich in Gualeguaychú leben, will sie nicht sagen. »Jetzt sind wir eben hier in diesem Land, das nie zur Ruhe kommt«, sagt sie und klingt müde. »Militärdiktatur, politische Zerrissenheit, Armut, Staatsbankrott, alles schon erlebt. Die Inflation ist mal wieder hoch. Kurz nach Weihnachten hat die Regierung die Preise für Gas, Wasser und Strom um 50 Prozent erhöht«, schimpft sie, klappt die Stullen zusammen und stapelt sie auf einem Teller. »Was läuft falsch in Argentinien, das einst zu den reichsten Nationen der Erde zählte?«

In der Früh liegt die Provinz Entre Rios auf unserem Weg. Es sieht aus wie in Schleswig-Holstein. Plattes, weites Land, so weit das Auge reicht. Außer ein paar Gauchos und einem riesigen Verkaufsstand mit deutschen Produkten gibt es nichts zu sehen.

Liebigs Fleischextrakt

Auch Pueblo Liebig, eine kleine Ansiedlung 300 Kilometer nördlich von Buenos Aires, hat eine deutsche Vergangenheit. Der Namensgeber des Ortes, Justus Freiherr von Liebig, hat im 19. Jahrhundert verschiedene Fleischextrakte entwickelt. Aus Muskelfleisch gewonnen, wurde diese zähe Paste zur Herstellung von Brühe, Soßen oder als Arznei verwendet. Der Extrakt wurde zum Vorläufer von Maggi- und Knorr-Speisewürzen.

Im Jahr 1862 erhielt der deutsche Ingenieur Georg Christian Giebert von Liebig die Lizenz zur Großproduktion von Fleischextrakt in Uruguay. Sein Geschäft lief so prächtig, dass er in Argentinien eine Zweigstelle errichten ließ, die bis 1980 auch Corned Beef herstellte. Dafür wurden täglich 2000 Rinder verarbeitet, über den angrenzenden Rio Uruguay konnte die Ware dann ohne Umwege nach Großbritannien exportiert werden.

Heute sieht die Fabrik traurig aus, rostig und verfallen. Zum Rio Uruguay sind es nur einige Schritte. Auf der anderen Seite ist das Nachbarland zu sehen. Ein guter Schwimmer könnte rüberschwimmen.

Buenos Aires

Achtspurige Straßen, Kreisverkehr, Chaos. Die 15 Millionen-Metropole erzeugt Stress pur. Gerade springt eine Ampel auf Orange und ich halte an der nächsten Ecke, damit ich die Jungs nicht verliere. Detlef und Tom bremsen bei Rot und Tommy prescht noch über die riesige Kreuzung. B a a a a m s! Ein anfahrender VW Passat trifft die Seite seines Motorrads und wirft Mann und Maschine um. Glücklicherweise kann Tommy abspringen und wird nicht verletzt. Aber sein Sturzbügel wird abgerissen und der Passat hat seinen Plastikspoiler verloren, der zerbrochen auf der Kreuzung liegt. Ein junger Mann mit Hipsterbart steigt aus dem Auto und ist nicht begeistert. Nach vielem Palaver schaut er im Internet nach, was eine neue Schürze kostet. Am Ende einigen sich beide auf 1000 US-Dollar, die an Ort und Stelle übergeben werden.

Zoll

Für die letzte Etappe müssen alle Papiere in Ordnung sein, da die Bikes von Ushuaia in die Heimat verschifft werden sollen. Also abmelden und im nächsten Jahr wieder zulassen. Und so sitzen wir wieder auf einem Amt. Genauer, im EMBA-Zollamt im Hafen von Buenos Aires. Das Büro von Adriana und ihrem Kollegen ist winzig und dunkel. Freundlich arbeiten sich die Beamten durch die Dokumente, während jeder von uns eine handgeschriebene Absichtserklärung verfasst, worin wir versichern, dass keiner in den nächsten Monaten mit dem Motorrad fahren wird. Später stellen wir die Kisten bei Mariano ab, einem alten Bekannten, den wir von anderen Reisen kennen. Er hat uns vor vielen Jahren Hondas vermietet, mit denen wir durch Uruguay und Jahre später

Rechts: Im bekanntesten Viertel von Buenos Aires, La Boca, wurden die ersten Häuser von den italienischen Einwanderern mit Schiffslack bunt bemalt.

Links oben: Denkmal in Puerto Liebig

Links unten: Die Jungen hoffen auf einen glänzenden Fang. Im Rio Uruguay gibt es Dorados, die golden glitzern.

NAIPES

Links: Rostiger Spielplatz für die Kids von San Antonio Oeste. In dem bedeutendsten Seebad Patagoniens gibt es fast doppelt so viele Gästebetten wie Einwohner.

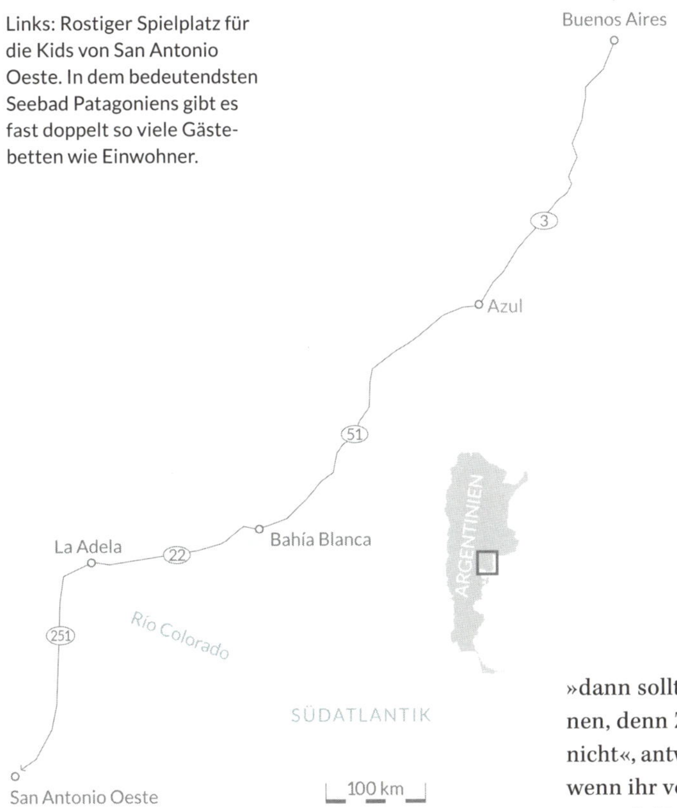

Je weiter es in den Süden geht, desto mehr Motorräder treffen wir. BMW, Honda, Triumph, Yamaha. Nur Harleys sind selten.

durch Argentinien und Chile gefahren sind. In ein paar Wochen soll ein Beamter bei ihm nachschauen, ob die Tachos noch auf demselben Stand stehen.

Tour 10, 2020

Ein Jahr später schreibe ich Adriana, dass die Harleys wieder angemeldet werden sollen und vereinbare mit ihr einen Termin an unserem Ankunftstag. Dabei stellt sich heraus, dass der Vorgang zwei Wochen dauern wird: Meilen auf dem Tacho prüfen, Dokumente erstellen, andere Dienststellen bemühen, und, und, und. Das Übliche eben. »Ok«, schreibe ich, »dann sollten wir zügig mit dem Papierkram beginnen, denn Zeit haben wir ja noch.« »Das geht leider nicht«, antwortet Adriana, »wir können erst loslegen, wenn ihr vor Ort seid. Vorschrift!«

Da hilft nur eins, wir brauchen Hilfe. Dr. Alan Epsztein, ein Anwalt aus Buenos Aires, ist unser Mann. In Absprache mit Adriana schickt der uns in Hamburg zum Argentinischen Konsulat, zu einem Notar und zum Gericht, um Kopien und Bevollmächtigungen beglaubigen zu lassen. Per FedEx Express schicke ich den ganze Packen dann nach Argentinien. Am Ende werden fünf Profis bemüht – und es kommen 30 Arbeitsstunden zusammen.

Wieder in Buenos Aires geht alles ganz schnell. Im stilvollen Büro von Dr. Alan Epsztein warten die Dokumente auf uns. Fein säuberlich geheftet, unterschrieben und kopiert. Zum Zoll müssen wir nicht mehr. Prima!

Bei Mariano holten wir die Bikes ab und dürfen gleich am nächsten Morgen die Hauptstadt verlassen. Angemeldet, versichert und mit einem korrekten Steuerbeleg in der Tasche. Vielleicht hätten wir das immer so machen sollen?

Diego Maradona

Tom und ich schlendern durch La Boca, das traditionelle Herz von Buenos Aires. Bunte Häuser, kleine Gassen, Fußball. Mitten im Gewusel der Straßen, eingezwängt zwischen Wohnhäusern, erhebt sich das Stadion Boca Junior. Alles strahlt in Gelb und Blau. Ein zerrissenes Filmplakat mit einem Männerporträt klebt an der Fassade. Stolzer Blick, Stiernacken, erhobenes Kinn. Darüber ein Name, den hier jedes Kind kennt: Diego Maradona. Der Dokumentarfilm läuft seit einigen Monaten in den Kinos.

In diesem Stadion wurde Maradona zu Beginn seiner Karriere das erste Mal Meister. »Ruhm interessiert mich mehr als Geld, darum bleibe ich bei den Boca Junior«, sagte er und ging dann doch zum FC Barcelona und SSC Neapel. Fünf Jahre später kennt ihn die ganze Welt, als er fast im Alleingang die Engländer im Viertelfinale der WM bezwingt. »Das war die Rache für den verlorenen Falkland-Krieg«, sagt Diego im Film von Asif Kapadia. Darin sieht man den Jungen, der sich aus dem Elendsviertel aus Buenos Aires kämpft und immer nur das Eine will: Fußball spielen. Später, als er zu seiner eigenen Karikatur

wird und die Geburtstage seiner Kinder vergisst, haben ihn die Verantwortung und der Erfolg zerfressen.

Trotz seiner Eskapaden ist man stolz auf den Sohn der Stadt. Überall in den Straßen von La Boca ist der »Fußballgott«, wie sie ihn hier nennen, an den bunten Fassaden zu sehen.

Butch Cassidy und Sundance Kid

Bahia Blanca ist der letzte größere Ort. Etwas weiter südlich, hinter dem Río Colorado, beginnt Patagonien. Mit einer Million Quadratkilometern ist der südliche Teil des Kontinents dreimal so groß wie Deutschland. Charles Darwin schwärmt über diese »dürre Einöde« in »The Zoology of the Voyage of H.M.S. Beagle«, dass ihn diese Gegend mehr beeindrucken würde als jedes andere Naturwunder.

Querab Richtung Westen, in der Nähe der chilenischen Grenze, liegt El Bolsón. Dorthin haben sich im Jahr 1901 Butch Cassidy und Sundance Kid zurückgezogen und fünf Jahre gelebt. Die beiden führten »The Wild Bunch« an, eine Gruppe der zu jener Zeit berüchtigtsten Bank- und Zugräuber. Kaum ein Sheriff-Büro in den USA, in dem nicht ihre Bilder mit dem Zusatz »Wanted!« hingen. Und so flohen sie nach Südamerika. Mit dabei war die schöne Etta Place, eine zwielichtige Freundin, die mit dem Gewehr umgehen konnte. Mit wem sie zusammen war, oder ob es beide waren, ist bis heute nicht geklärt.

Bei ihren Überfällen hatte die Gang auf schnelle Pferde für ihre Flucht gesetzt und einen beträchtlichen Teil der Beute dafür ausgegeben. Wie für die Gauchos dieser Gegend hatten Rösser einen hohen Stellenwert für sie. Es hieß, patagonische Männer könnten selbst betrunken nicht vom Gaul fallen und erst reiten und dann laufen. Das war genau nach dem Geschmack des Trios. Hier fühlten sie sich heimisch und lebten friedlich in einer Blockhütte. Doch als das Geld verbraucht war, wurden sie rückfällig und begingen erneut Raubüberfälle. Wieder wurden sie gejagt, ein weiteres Mal mussten sie fliehen.

Über ihre erneute Flucht und ihren Tod gibt es etliche Versionen. Butch Cassidy soll bei einer Schießerei in Bolivien gestorben sein – wovon auch der berühmte Western erzählt. Gemäß anderer Versionen wurde er in den USA wiedergesehen.

Sandsturm

Zwei Biker kommen gerade aus dem Süden und erzählen von einem Sturm, der sie beinahe von ihren 500er Yamahas geweht hat. »Wir mussten absteigen und Schutz suchen, sonst hätte es uns weggeblasen«, sagen sie. »Das Problem ist nur, da unten findest du nichts, um in Deckung zu gehen.«

Heute gibt es eine Kostprobe solcher Böen. In San Antonio Oeste genießen wir in einer Strandbar den »Catch of the day«. Schlagartig, als hätte jemand einen Schalter für eine Windmaschine umgelegt, bricht ein Sturm los. Gleichzeitig verdunkelt sich der Himmel und heftiger Regen setzt ein. Die kurze Strecke zurück ins Hotel lässt ahnen, wovon die Motorradfahrer gesprochen haben. Man kann die Hand vor den Augen nicht sehen. Sandkörner krachen auf die Haut und stieben unter die Sonnenbrille. Und tatsächlich, wir müssen aufpassen, dass es uns nicht aus dem Sattel reißt.

Rechts: In der Nähe von Trelew liegt der Fundort zweier Titanosaurier. Sie gelten als die größten Landtiere aller Zeiten. Gebaut wurde das 40 Meter hohe Modell vom Dinosaurier-Park in Rehburg, Niedersachsen.

Links: Der Strand von San Antonio Oeste kurz vor einem Sandsturm

In den Nachrichten am Abend ist zu sehen, wie der Orkan unweit von hier Bäume ausgerissen hat. Bahia Blanca hat es erwischt. Es sieht dort aus wie nach einem Hurrikan. Zum Glück liegt der Ort bereits weit hinter uns.

Guanakos und Nandus

Der Himmel ist wolkenlos und es ist sommerlich warm. Bis zum Mittag steigt die Temperatur auf 28 Grad an. Auf den ersten Blick hat die Landschaft südlich der Hauptstadt nicht viel zu bieten. Wie im Norden ist sie flach und eintönig. Gras, einige Sträucher, so weit das Auge reicht. Nur Guanakos trauen sich in großen Gruppen an den Fahrbahnrand, um zu grasen. Sie sind größer als ihre zotteligen Verwandten, die Alpakas, aber sehr scheu. Wer langsamer fährt, um Fotos zu machen, wird nur ihre hüpfenden Hinterteile einfangen. Für eine Nahaufnahme musst du während der Fahrt aus der Hüfte schießen.

Ein Redakteur hat mir einmal erzählt, dass er mit seiner Frau als Sozia auf einer BMW durch Bolivien gefahren ist. Plötzlich sprang ein Lama auf die Straße und es kam zu einem Zusammenstoß. Das Moped überschlug sich und seine Frau verletzte sich lebensgefährlich. Als nach vielen Stunden das nächste Krankenhaus erreicht war, gab es weder Blutkonserven noch Medikamente. Da sie literweise Blut im Bauch hatte, hing ihr Leben an einem seidenen Faden. »Die zehn Tage, die sie dort im Koma lag, waren die schwersten meines Lebens. Ich bin um Jahre gealtert«, sagte der Redakteur.

Wer in den Bergen Boliviens oder hier in der Pampa einen Unfall baut, hat ein echtes Problem. Bis zum nächsten Arzt sind es viele Kilometer und was einen dort erwartet, ist ungewiss. Also immer schön aufpassen und mit dem Fluchtreflex der Tiere rechnen.

In der Nähe der Guanakos staksen häufig Nandus durchs Gras. Der flugunfähige Vogel ist der kleine Bruder von Emu und Strauß. Er braucht aber keine Komplexe zu haben, denn mit seinem Gewicht von bis zu 25 Kilogramm ist er der größte Vogel auf diesem Kontinent.

Weiter südlich verliert die Vegetation stetig an Höhe. Hier wachsen nur noch einzelne Grasbüschel. Es sieht aus, als hätte die Wüste einen Dreitagebart. Eines bleibt aber immer gleich: der Zaun am Straßenrand, der uns schon um die halbe Welt begleitet. Ist die Gegend noch so trostlos, das Land noch so nutzlos, immer hat sich jemand die Mühe gemacht, das Land einzufrieden. »Was schließen die Zäune ein? Was aus?«, fragt der Schriftsteller Paul Theroux, als er das Land mit dem Zug durchquert. »Wofür sind die gut?« Pferde und Guanakos springen mühelos herüber, und Kühe oder Schafe gibt es hier nicht. Wie beim deutschen Jägerzaun soll er wohl anmahnen: Achtung, Privatbesitz!

CHILE

Man spricht vom längsten Handtuch der Welt. Kein Wunder bei der gestreckten Form des Landes. Wir sind nur für eine Stippvisite in Chile.

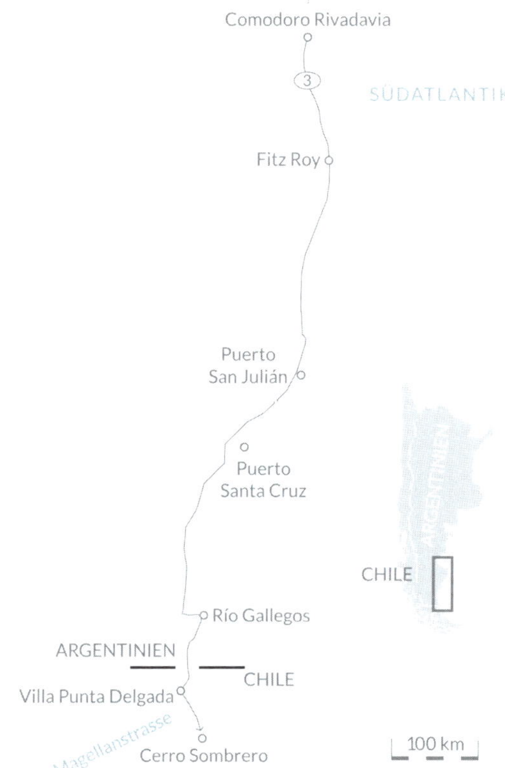

Der südliche Teil Patagoniens zerfällt in unzählige Inseln. Die größte, Isla Grande del Tierra del Fuego, ist mit der Fähre über die Magellanstraße zu erreichen.

Links: Gauchos sind die Könige der Pampa. In Argentinien verbindet man noble Charaktereigenschaften mit ihnen: Mut, Treue, Ehrgefühl und Durchhaltevermögen.

Unten: Wer ganz genau hinschaut, kann ein paar Guanakos sehen. Näher wollen sie mich nicht heranlassen.

B&B in Chile

Mitten im Nirgendwo gibt es noch einmal eine Grenze. Chile schiebt sich hier wie ein Keil in die argentinische Landmasse. 200 Kilometer weiter südlich betritt man wieder argentinischen Boden – für uns die 18. Grenze. Hinter Ushuaia, auf der anderen Seite des Beagle-Kanals, könnte man dann wieder nach Chile einreisen. Doch so weit sind wir noch nicht.

Kurz hinter der argentinisch-chilenischen Grenze liegt die Siedlung Villa Punta Delgada, wo wir übernachten wollen. Viel Auswahl gibt es dort nicht, nur das B&B Donde Rupe hat geöffnet.

Gleich hinter der Eingangstür befindet sich der Speisesaal. An den Tischen sitzen ausschließlich Männer in Arbeitskleidung. Die einzige Frau im Raum ist eine scheue Chilenin, die das Geschirr abräumt. Auf unsere Fragen gibt sie immer nur die Antwort: »Erst die Chefin fragen.« Als die Hausherrin, eine ältere grimmige Frau, wie aus einem Charles-Dickens-Roman, an unseren Tisch tritt, wird klar, wer hier das Sagen hat. Geschäftstüchtig diktiert sie die Preise und packt einen Aufschlag für Touristen drauf. Da Chile fast doppelt so teuer wie Argentinien ist, kommt einiges zusammen. Egal, wir wollen nur einen Tag im Land bleiben.

Ende Gelände

Kurz vor dem Ende der Welt trifft die Pampa auf eine Meerenge. Hier geben sich der Atlantische und der Pazifische Ozean die Hand. Vor 500 Jahren, nachdem Ferdinand Magellan diese Verbindung nach Jahren der Suche gefunden hatte, öffnete er einen Westweg zu den wirtschaftlich bedeutenden Gewürzinseln. Für Seefahrer, die heute um die Südspitze des Kontinents schippern müssen, ist die Magellanstraße eine gute Alternative, denn Naturgewalten wie am Kap Hoorn gibt es hier nur selten.

Aus südlicher Richtung weht ein eisiger Wind. Seit der Zeit der Entdecker hat sich hier wenig verändert. Flaches Land und dort, wo sich Himmel und Wasser berühren, ist eine Küste zu sehen. Außer dem weißen Leuchtturm und ein paar Häuschen von Punta Delgada gibt es nur horizontale Linien.

Nur wenige Fahrzeuge wollen auf die andere Seite. Die Fähre hat ihr Maul weit aufgesperrt und wartet auf ihre Fracht. Festgemacht hat die »Pionero Punta Arenas« aber nicht. Da Poller und Mole fehlen, drängt sie unablässig gegen die Wasserkante und hat mit dem Wind zu kämpfen. Als der Wassergraben zwischen Rampe und Straße kleiner wird, preschen wir mit angehobenen Füßen an Bord. Ein Matrose weist uns eine Parkfläche an Deck zu. Dabei nimmt er es sehr genau, obwohl nur fünf Fahrzeuge in der Schlange stehen. Kurze Zeit später legte das Schiff ab. Der Motor dröhnt und ich versuchte mir vorzustellen, wie sich die verbliebenen drei Schiffe Magellans (er war mit fünf losgefahren) Tausende Seemeilen entfernt der Heimat durch diese Meerenge getastet haben.

Die Überfahrt dauert keine halbe Stunde. Ein großes grünes Schild begrüßt uns: »Bienvenidos a la Tierra del Fuego«. Willkommen in Feuerland.

Helden der Panamericana

Je weiter es Richtung Antarktischer Wendekreis geht, desto schöner wird die Landschaft. Bruce Chatwin schreibt in seinem Reisebericht »In Patagonien«, der in den 1970er-Jahren erschien: »Eine See aus graugrünem Dornengestrüpp, die sich in Wogen dahinzog (...) wie sich am Horizont Himmel und Erde zu einer einzigen Farblosigkeit auflösten.« Über Seiten schwärmt Chatwin von der unendlichen Weite und dem Farbspiel der Gräser, die so magisch sind.

Auf der »3«, die von Buenos Aires entlang der Ostküste in den Süden führt, überholst du die wahren Helden der Ruta Panamericana. Auf Mofas, Fahrrädern oder zu Fuß mussten sie sich jeden Meter Asphalt hart erkämpfen. Einige waren Jahre unterwegs, für andere war es ein Wettrennen gegen die Zeit.

Der Extrem-Radsportler Michael Strasser hatte nach eigenen Angaben einen neuen Weltrekord aufgestellt: von Alaska nach Patagonien in 84 Tagen. »Es geht ihm soweit gut, dass er noch sprechen kann«, sagte sein Sprecher Christoph Wisser im Oktober 2018, nachdem Strasser den härtesten Kampf seines Lebens gewonnen hatte. Respekt! Genau genommen ist er schneller gefahren als wir.

Oben: Der alte Schlepper »Saint Christopher« ist ein Symbol für die unzähligen Schiffswracks am Kap Hoorn. Er liegt vor der südlichsten Stadt Argentiniens, Ushuaia (rechts).

Bikerhimmel

Wir treffen immer mehr Biker an den Tankstellen. Alle mit dem Ziel Ushuaia. Viele von ihnen haben sich mit Aufklebern an den Fensterscheiben verewigt. Cobra Moto Clube, Moto Grupo Milwaukee, Riders Ténéré. Sie haben sich aus Argentinien, Brasilien und Chile aufgemacht, um das Motorrad-Mekka Südamerikas zu bereisen. Sie eint der Traum: einmal im Leben zum Ende der Welt.

Ich habe mit dem Gedanken gespielt, mein Bike zu verkaufen. Spedition, Seetransport, Versicherung, Zoll, Einfuhrabwicklung, Steuern und nicht zuletzt die Trump Tax, die auf Harley Davidson fällig sind. Eine Menge Organisation und viel Kohle, die zu zahlen ist, wenn ich den Ofen mit nach Deutschland nehme. »Ist leider verboten«, klärte unser Anwalt in Buenos Aires uns auf. »Als Ausländer dürft ihr in Argentinien keine Fahrzeuge verkaufen. Das geht nur in Chile.« Er gab mir die Adresse eines Motorradladens aus Punta Arenas mit, wo er Leute kennt. Doch später entscheide ich mich dagegen. Der Umweg ist zu groß und mit dem Bus in Ushuaia anzukommen, erschien mir auch wenig verlockend.

Auf der Ruta del Fin del Mundo, der Straße am Ende der Welt, macht meine Batterie schlapp. Nur 100 Kilometer vor dem Ziel. Während der Fahrt fiel immer häufiger die Elektrik aus. Der Tacho kippte auf Null und die Motorleistung brach zusammen. Stotternd baute sich die Spannung immer wieder auf und ich konnte weiterfahren, doch jetzt hat die Batterie ihren Geist endgültig aufgegeben. In der Nähe unserer Unterkunft in Tolhuin ist kein Ersatz zu bekommen. Daher muss Ersatz aus Ushuaia her.

Detlef und Tommy machen sich in der Früh auf den Weg und versuchen ihr Glück. Da Ushuaia das Ziel von Bikern aus aller Welt ist, gibt es dort diverse Werkstätten, Fachgeschäfte und Ersatzteillager von Yamaha, Triumph, Honda und Co. Aber keiner hat eine Batterie mit 21 Ampere. Nur kleinere sind im Angebot. Viele haben ein falsches Format, oder die Pole sind auf der gegenüberliegenden Seite. Daher entscheiden wir, dass ich die letzten Kilometer mit

Tommys Batterie fahren soll. Drei Schrauben sind zu lösen – und schon ist der Stromspeicher in Ushuaia ausgebaut. Detlef fährt die Strecke zurück, so kann ich mit frischem Saft die letzten Meilen abreißen.

Kurz vor dem Ende der Welt erhebt sich die Landschaft noch einmal. Die schroffen Martial Mountains wachsen auf 1300 Meter an. Schnee liegt auf den Hängen und die Ausläufer verschwinden in der wolkenverhangenen Ferne. Aber nicht nur Berge sind schlagartig zurückgekehrt. Dort, wo Feuerland beginnt, wird aus der Magellan-Tundra ein üppiger Urwald, an dem das ganze Jahr der nicht enden wollende Wind zerrt. Als hätte die Natur ein Veto eingelegt und nicht zugelassen, dass die Steppe in den Arktischen Ozean fällt, wachsen hier verkrüppelte Südbuchen, Johannisbeere und Fuchsie. Darüber winden sich graue Kletterpflanzen und lassen die Bäume gespenstisch aussehen.

Hinter einer lang gezogenen Kurve steht das Ortsschild, auf das wir zehn Jahre lang zugefahren sind: Ushuaia. Auf einer Holztafel sind die Buchstaben in gestürzter Schrift an einem Turm angebracht, zehn Meter hoch, mit einem Zeltdach, das an den Hut von Gandalf erinnert. Damit niemand das Schild übersieht, steht auf der anderen Straßenseite ein zweites Ungetüm. Wir haben es geschafft – um die halbe Welt und sind heil angekommen. Schulterklopfen, Zielfoto und Freude über das Erreichte.

Am Arsch der Welt

In Ushuaia schließt sich der Kreis unserer Reise. Nach 120 Breitengraden, die hinter uns liegen, sieht die Stadt auf den ersten Blick wie Anchorage aus. Schneebedeckte Berge im Hintergrund und die raue See nahe des Polarkreises. Selbst die Indigenen sehen für unser ungeübtes Auge genauso aus wie die Ureinwohner aus dem hohen Norden.

Auf den zweiten Blick ist Ushuaia aber eine Enttäuschung. Ein bisschen San Francisco wegen seiner steilen Straßen und ein Schuss Kitzbühel. Klingt erst einmal nicht übel. Doch unzählige Outdoor-Geschäfte, Hotels und Restaurants machen die Stadt zu einem Rummelplatz für Reisende. Schon klar, wir sind auch welche. Aber wer reist ans Ende der Welt und setzt sich ins Hard Rock Café? Zugegeben, wir haben es tatsächlich versucht, aber es ist ein Albtraum. Auf der imitierten Showbühne versuchen sich ein paar alte Rheinländer als Shantychor. Den südlichsten Ort Amerikas habe ich mir verwegener vorgestellt.

Ein paar Meter weiter Richtung Südpol wird es besser. Kalt, rau und wild liegt dort der Beaglekanal. Diese natürliche Wasserstraße lohnt schon eher eine Reise. Im Jahr 1831 vom britischen Marineoffizier Robert FitzRoy entdeckt, verbindet das Gewässer neben der Magellanstraße mit dem Kap Hoorn auch den Atlantik mit dem Pazifik. Vor der Eröffnung des Panamakanals waren dies die einzigen Seewege, die diese Ozeane verbunden hatten.

Im Zuge einer Strafaktion nahm FitzRoy vier Eingeborene des Yámana-Stamms als Geiseln mit nach England, um aus ihnen »zivilisierte Christen« zu machen. Später ist er mit der »HMS Beagle«, nach der der Kanal benannt wurde, zurückgekommen. Auf dieser zweiten Expedition nach Patagonien wollte er die drei entführten Feuerländer in ihre Heimat zurückbringen. Einer war aber in England gestorben. Mit an Bord war Charles Darwin, der als Naturforscher auf dieser Fahrt die Erkenntnisse gewann, aus denen er später seine Evolutionstheorie entwickelte.

Im Naturkundemuseum von Ushuaia schaue ich mir die alten Fotos der Ureinwohner an. Als Seenomaden lebten die Yámana entlang des Beaglekanals. Sie waren so wasserverbunden, dass sie nur selten an Land gingen. Auf ihren Kanus brannten Feuer, mit denen sie sich vor der Kälte schützten und ihre Fische brieten. Der Schriftsteller Bruce Chatwin schreibt in seinem Reisebericht, wie stark die Bevölkerung der Yámana dezimiert wurde. 1924 gab es nur noch 50 von ihnen.

Im äußersten Süden des Feuerland-Archipels liegt die Felseninsel Isla Hornos. Für Seeleute ebensolch ein Mythos wie Ushuaia für Biker. Ihre Umrundung gehörte zu den gefürchtetsten Schiffspassagen der Welt. 1905 brauchte der deutsche Dreimaster »Susanna« drei Monate, um das Kap zu umrunden. Davon herrschte an 80 Tagen Sturm mit einer Geschwindigkeit von über 90 Kilometern pro Stunde.

800 Schiffe und mehr als 10 000 Menschen schafften die Umrundung nicht und liegen dort auf dem Meeresgrund. So wurde das Kap Hoorn zum größten Schiffsfriedhof der Welt.

Is this the end?

Das Ende der Reise, nach zehn Jahren. Ein wenig Pathos legt sich auf die Seele. War das unsere letzte Tour? Wird es noch andere Reisen geben? Wir sind inzwischen alle Ende 50. Natürlich sind wir als andere Menschen angekommen als losgefahren – aber ich bin jetzt zu alt, mir neue Freunde zu suchen. Ich bleib bei ihnen und hoffe auf den nächsten Trip.

»Und so schließe ich diesen Bericht in demütiger und dankbarer Stimmung. Wir haben große Wunder gesehen, und unsere Seelen sind durch alles, was wir gelitten haben, geläutert.«

Die vergessene Welt, Arthur Conan Doyle

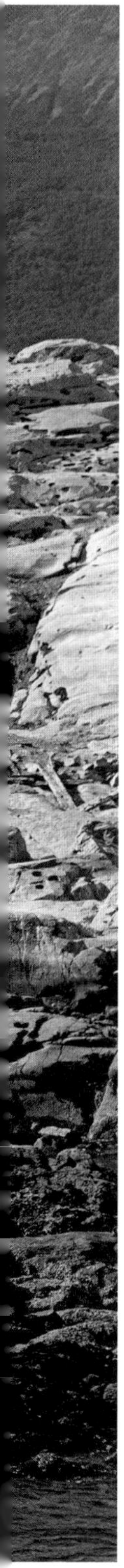

Ausflug auf dem Beaglekanal. Auf den schroffen Inseln tummeln sich Seelöwen, Kormorane und Magellanpinguine. Neben dem Bug des Dampfers tauchen Buckelwale auf.

BETTGEFLÜSTER

114 Zimmer. Von der Suite bis zur Absteige war alles dabei. Hotels versprachen Gold, Komfort oder Elite zu sein – einige haben etwas übertrieben. Mal blickten wir vom Zimmer aufs Meer, mal ins lärmende Treppenhaus. In Argentinien waren wir sogar Gäste in einer Villa.

Anchorage, Alaska (2011)
Howard Johnson Hotel

Seward, Alaska
Habourview Inn

Wasilla, Alaska
Hotel Grandview Inn & Suites

Denali, Alaska
McKinley Chalet Resort

Fairbanks, Alaska
Hotel Golden North

Tok, Alaska
Young´s Motel

Dawson, Yukon
The Dawson City Bunkhouse

Carmacks, Yukon
Hotel Carmacks

Whitehorse , Yukon
Town & Mountain Hotel

Whitehorse, Yukon (2012)
Town & Mountain Hotel

Rancheria, Yukon
Rancheria Motel & Cafe

Muncho Lake
Northern Rockies Lodge

Fort Nelson, Britisch-Kolumbien
Shannon Motel

Pink Mountain, Britisch-Kolumbien
Sasquatch Crossing Lodge

Hudson's Hope, Britisch-Kolumbien
Sigma Inn & Suites

Prince George, Britisch-Kolumbien
Downtown Motel

McBride, Britisch-Kolumbien
McBride's Hotel

Jasper
Athabasca Hotel

Banff, Alberta
Inns of Banff Hotel

Calgary, Alberta
Ramada Limited

Calgary, Alberta (2013)
Best Western Village Park Inn

Fernie, Britisch-Kolumbien
A&W Drive Thrue

Lakeside, Montana
Edgewater Motel

Missoula, Montana
Comfort Inn

Challis, Idaho
Northgate Inn

Twin Fals, Idaho
Motel 6

Wendover, Nevada
Montego Bay

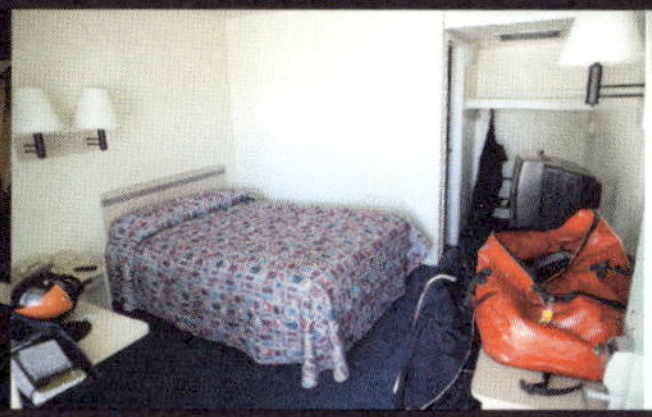
Ely, Nevada
Motel 6

Tonopah, Nevada
Clown Motel

Ridgecrest, Kalifornien
Budget Inn

Carpinteria, Kalifornien
Motel 6

Los Angeles, Kalifornien
Airbnb in Santa Monica

Los Angeles, Kalifornien (2014)
Santa Monica Motel

Encinitas, Kalifornien
Rodeway Inn

Ensenada-San Quintin, Mexiko
Paraiso Colonet

Catavina, Mexiko
Misión Catavina

San Ignacio, Mexiko
La Pinta San Ignacio

Loreto, Mexiko
Hotel Angra

La Paz, Mexiko
Del Ángel

La Paz, Mexiko
Pension Baja Paradise

La Paz, Mexiko
Pension Baja Paradise

La Paz-Mazatlán, Mexiko
Fähre

Tequila, Mexiko
Los Abolegos

Chapala, Mexiko (2015)
Quinta Quetzalcoatl B. Hotel

Morelia, Mexiko
Casa del Virrey

Puepla, Mexiko
Del Portal

Cosamaloapan, Mexiko
Hotel Roma

Juchitan, Mexiko
La Mansion en el Istmo

Huixla, Mexiko
Hotel Jardin Real

Mazatenango, Guatemala
Kakol Kiej 1

Acajutla, El Salvador
Hotel y Negocios S.A.

San Miguel, El Salvador
Comfort Inn

Chinandega, Nicaragua
Hotel San Cristobal

San Juan del Sur, Nicaragua
Hotel Casablanca

Puntarenas, Costa Rica
Hotel Porto Bello

San José, Costa Rica
Hotel Elite

San José, Costa Rica (2016)
Palma Real

Sant Ana, Costa Rica
A Loft

Palma Sur, Costa Rica
Tico Alemán

Las Lajas, Panama
Beach Resort

Playa Blanca, Panama
Hotel Riu

Panama City, Panama
Hotel Riande

Bogotá, Kolumbien
Dorado Gold

Honda, Kolumbien
Hotel Al Popa

Cartago, Kolumbien
Don Gregorio

Cali, Kolumbien
Granada Real

Cali, Kolumbien (2017)
Hotel Cosmos

Popayan, Kolumbien
San Jeronimo

Pasto, Kolumbien
Cuellar's

San Gabriel, Ecuador
Gran Hotel, San Francisco

Ambato, Ecuador
Hotel de las Flores

Naranjal, Ecuador
Hotel Palmitas

Mancora, Peru
Casa Mediterranca

Chiclayo, Peru
Hotel Aura

Huanchaco, Peru
Huankarute

Tortuga, Peru
El Farol

Chancay, Peru
Hotel Manolos

Lima, Peru
La Princesa

Lima, Peru (2018)
Qorianka Hotel

Pisco, Peru
Regency Plaza

Ayacucho, Peru
DM Hoteles

Andahuaylas, Peru
Sol de Oro

Abancay, Peru
Hotel Turistas

Cusco, Peru
Tambo Hotel

Juliaca, Peru
San Román

Tiawanacu, Bolivien
Hotel Akapana

Caracollo, Bolivien
Panamericano

Villa Tunari, Bolivien
Hotel Candire

Buena Vista, Bolivien
Hotel El Tucan

Santa Cruz, Bolivien
Hotel Arenal

Amsterdam, Niederlande (2019)
Hyatt Flughafenhotel

Santa Cruz, Bolivien
Hotel G

San José de Chiquitos, Bolivien
Hotel Misiones de Chiquitos

Yacuces, Bolivien
Hotel 1 Ero de Septiembre Yac.

Miranda, Brasilien
Pantanal Hotel

Bela Vista, Brasilien
Pousada Água Doce

Yby Yaú, Paraguay
Hotel Paraiso

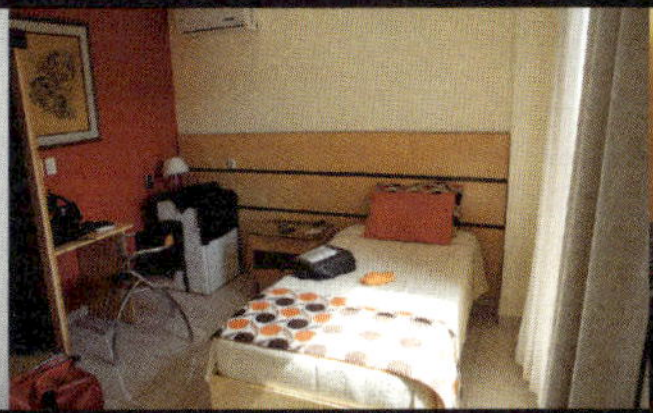
Villarica, Paraguay
Villareca Palace Hotel

Garupá, Argentinien
Brisas de Garupá

Paso de los Libres, Argentinien
Las Vegas

Puerto Liebig, Argentinien
Hostería Casa Vieja

Buenos Aires, Argentinien
Hotel Dorá

Buenos Aires, Argentinien (2020)
Hotel Bristol

Azul, Argentinien
Gran Hotel

Medanos, Argentinien
Hotel El Remanso

San Antonio Oeste, Argentinien
Hotel San Miguel

Puerto Madryn, Argentinien
Hotel Bahia Nueva

Comodoro Rivadavia, Argentinien
Hotel Victoria

Tankstelle Tres Cerros, Argentinien
Hostal Tres Cerros

Rio Gallegos, Argentinien
Hotel Patagonia

Villa Punta Delgada, Chile
B&B Donde Rupe

Rio Grande, Argentinien
Hotel Atlántida

Lago Fagnano, Argentinien
Hotel Kaiken

Ushuaia, Argentinien
Hostal del Bosque

Index